KB272512

독서 지도
방법과
실제

다문화

독서 지도
방법과
실제

초판 1쇄 인쇄 | 2017년 4월 10일
초판 1쇄 발행 | 2017년 4월 17일

지 은 이 | 임영규, 박미정
펴 낸 이 | 정봉선
편 집 장 | 권이준
펴 낸 곳 | 정인출판사

출판등록 | 제303-1999-000058호

주　　소 | 서울시 동대문구 천호대로 16가길 4
전　　화 | 02) 922-1334
팩　　스 | 02) 925-1334

Home page : http : //www.junginbook.com
E-mail : junginbook@naver.com

ISBN : 978-89-94273-03-7 13370

＊ 책 값은 표지 뒷면에 있습니다.
＊ 이 책에서 인용한 책들과 이미지의 원 저작자와 출판사의 사전 이용 허락을 얻지 못한 점 양해 부탁
　 드립니다. 추후에라도 저작권과 관련한 문의를 주시면 성실히 응하겠습니다.

독서 지도
방법과
실제

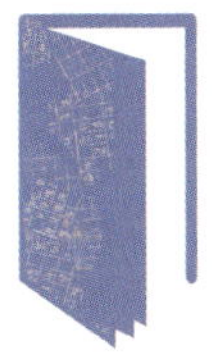

임영규 · 박미정 지음

정인출판사

머리말 

다문화 시대를 대비하는 독서교육

　알파고와 4차 산업으로 대표되는 미래 사회는 지금과 많이 다를 것이며 교육현실도 상상이상으로 큰 변화가 예상된다. 2015 개정 교육과정이 창의융합을 키워드로 내세운 것도 이와 무관하지 않다. 우리 자녀들이 주인공이 되는 미래사회가 행복한 사회가 되기 위해 우리는 지금 무엇을 해야 할까?

　곧 현실화될 미래사회가 다문화사회라는 것은 부인하기 힘들다. 국가나 민간단체 등에서 다문화사회를 준비하기 위해 매우 분주하다. 그럼에도 불구하고 진로교육처럼 다문화교육도 어딘가 조금 부족해 보인다. 이는 보여주기 위한 교육, 일회성 교육, 비교육적인 정책에서 연유된 것이 아닌가 한다. 연중 지속 가능하고 교육적인 다문화교육을 어떻게 학교 현장에서 실현할 수 있을까 하는 것이 우리 현장 교사들의 고민이다.

　이러한 고민을 이번에 〈다문화 독서 지도 방법과 실제〉라는 책으로 풀어보고자 했다. 그리고 워크북인 〈맛있게 읽는 다문화 독서 요리〉라는 책으로 연중 지속 가능한 다문화 교육을 독서교육을 통해 구현해 보았다. 다문화 독서 지도란 다문화적 역량 강화를 목표로 다문화 주제어에 대한 지식과 기능 및 태도를 이해한 후, 다문화 도서를 읽고 다양한 주제별 독서활동을 지도하는 것을 말한다. 다문화 독서 활동을 통해 타문화의 생활양식과 가치관을 학습하고 존중하는 것, 그리고 편견을 배제하여 의사소통 장애를 극복하는 것을 중요한 목표로 삼는다.

　최근 다문화 교육에 대한 연구는 확산되고 있지만 다문화 독서 지도에 대한 관심은 비교적 낮다. 그래서 다문화 시대를 대비하기 위해 단편적인 다문화 교육에서 벗어나 다문화 교실에서 연중 지속 가능한 다문화 독서 지도가 필요하다는 의견이 제기되고 있다.

우리는 다문화를 제대로 이해하기 위해 연구자들과의 토론을 통해 6가지의 주제어를 추출하였다. 인권, 관용, 평화, 문화교류, 세계시민, 상호협력 등이 그것이다. 다문화 덕목 여섯 가지를 주제어로 추출하여 다문화 이해 교육을 디자인하였고 그 방법으로 다문화 도서를 선정하여 맛있게 읽는 독서요리를 기획하게 되었다.

다문화 주제어로 맛있게 요리하듯이 다양한 독서활동을 하다 보면 자신도 모르게 독서의 즐거움에 몰입하게 된다. 2015 개정 교육과정에서도 다문화 교육과 다문화 독서 지도가 강화되고 있다. 2015 개정 교육과정에서는 범교과학습 주제를 다문화교육을 포함한 10개의 범주로 통합·조정하여 학교 현장에서 다문화교육이 실제적으로 연중 지속 가능하게 개편되었다.

미래사회를 예측하고 독서교육을 통해 우리 미래를 준비하는 프로그램으로 우리는 다문화 독서, 인성 독서, 진로 독서 프로그램을 기획하였다. 그리고 현장 교사들의 연구와 고민을 담아 학교 현장에서 연중 지속 가능한 다문화, 인성, 진로교육을 독서교육으로 풀어 보고자 하였다. 〈다문화 독서 지도 방법과 실제〉도 이런 교육적인 목적으로 기획되었고 맛있게 읽는 다문화 독서요리로 디자인되었다. 연중 지속 가능한 다문화 독서 지도를 통해 미래의 우리 사회 구성원 모두가 행복한 삶을 살 수 있기를 간절히 소망한다.

2017년 3월

(사)전국독서새물결모임 회장 임 영 규

차례 

3 행복한 다문화 독서   184

1장

다문화 독서 지도의 이해

1. 다문화 독서 지도의 개념

2. 다문화 독서 지도의 필요성

3. 다문화 독서 지도의 목표

1 다문화 독서 지도의 이해

문화란 한 사회의 개인이나 인간 집단이 자연을 변화시켜온 물질적 · 정신적 과정의 산물로서 정치나 경제, 법과 제도, 문학과 예술, 도덕, 종교, 풍속 및 신념 등을 포함한다. 이처럼 문화는 다양성과 복잡성이라는 특징을 가지고 있기 때문에 현대 사회를 '다문화사회'라고 부른다. 한석실(2008)은 다문화의 개념을 세계화로 인해 서로 다른 문화가 부딪치고 영향을 주고받는 기회가 증가되면서 각 문화를 연결시키고 조화롭게 적용하고자 하는 사회적 필요성에 의해 생겨난 것이라고 정의하였다. 즉, 다문화란 종족이나 계층 사이뿐만 아니라 지식 및 정보, 생활양식, 가치관 등에서 다양함과 독특함이 공존하는 시대적 배경을 의미한다고 할 수 있다.

한국 사회에서 '다문화'라는 용어는 2006년 미국 슈퍼볼에서 최우수선

수로 선정된 한국계 미국인 하인즈 워드 선수가 한국을 방문했을 때부터 대중적으로 사용되기 시작하였다. 그의 인생 역정과 감동적인 성공 드라마를 각종 언론 매체에서 경쟁적으로 보도하면서, 우리 사회에서 배타적 민족주의가 없어져야 한다는 분위기와 함께 다문화라는 용어는 유행처럼 퍼져나갔다.

이미 1990년대 중반부터 다양한 국적의 외국인이 지속적으로 한국 사회로 유입되고 있었지만 다문화 현상에 대한 사회적 관심은 극히 적었다. 그런데 하인즈 워드 효과는 단숨에 한국 사회에 다문화에 대한 폭발적인 관심을 불러일으켰다. 뒤이어 2007년에는 국내 체류 외국인 수가 100만 명을 돌파하면서 국내 체류 외국인이 전 인구의 2%를 상회하였다. 이와 관련하여 한국 정부, 언론, 시민단체뿐만 아니라 국제연합 등 국제기구는 앞다투어 한국 사회가 다인종·다문화사회로 급속히 진전하고 있다고 공식적으로 선언하였으며, 학계나 교육계에서 다문화 교육의 필요성과 중요성이 제기되었다.

다문화 교육이란 교육과정 및 교육제도를 개혁하여 다양한 계층, 인종, 민족 집단의 학생들에게 균등한 교육기회를 제공하고자 하는 개혁운동이라고 정의할 수 있다. 또한 사회 정의의 원리를 추구함으로써 학교와 사회의 모든 종류의 불평등에 도전하며, 모든 학생들의 지적, 개인적, 사회적 잠재력을 최대한 실현하고자 하는 교육이다. 다문화 교육은 문화적 다양성에 대해 진보적 입장을 개진하며, 사회 내에 다양한 문화가 존재한다는 것을 인정한다. 즉, 문화적 차이를 동화의 대상이 아니라 그 자체로 가치 있는 것으로서 인식하도록 교육하는 것이다. 또한 다문화 교육은 사회 내 소수자 자녀들이 학업 곤란 요인을 극복하여 학업 성취를 이룰 수 있도록 도우며, 다수자 자녀를 위한 민주시민 교육을 수행한다(모경환, 2012).

이와 같은 관점에서 다문화 교육은 다문화가정 자녀에 대한 적응 교육에 국한되어서는 안 되며, 주류 다수자에 대한 시민 교육이 되어야 하고 반인종주의(anti-racism), 반편견(anti-bias) 교육에서 시작해야 한다. 반편견 교육이란 성, 인종, 민족, 능력, 장애 유무 등에 상관없이 모든 사람을 편견을 갖지 않고 존중하도록 가르치는 것을 의미한다. 또한 학습자로 하여금 사회 속에 존재하는 편견과 고정관념에서 벗어나게 하며, 민주사회에서 공정하고 개방적인 시민으로 성장하게 한다. 특히 다문화 교육에서 주의해야 할 점은 다문화 교육이 단지 타문화에 대한 관광적 접근[1]이 되어서는 안 된다는 것이다. 다문화 교육은 반편견 의식과 평등, 그리고 사회정의를 추구해야 하며, 이 외에도 보편적 인권에 대한 존중과 상호 협력 및 문화 교류를 할 수 있는 세계시민을 양성한다는 목표를 담고 있어야 한다.

일반적으로 독서와 독서 교육은 인간의 삶에 미치는 영향이 크기 때문에 시대나 지역을 막론하고 모든 사람들이 그 중요성과 필요성을 공감하고 있다. 독서에 대한 정의는 '문자를 읽거나 문장이나 문단, 글을 읽는다'는 가벼운 개념에서부터 '필자의 기호화된 의미가 독자에게 재생되어 다시 형성되는 하나의 소통으로 독서 자료, 독자의 지식과 경험, 그리고 독자의 생리적, 지적 활동이 상호 작용하는 전략적인 사고 과정'이라는 복잡한 개념에 이르기까지 매우 다양하다. 이렇듯 독서란 단순하게 문자에서 정보를 습득하고 의미를 해독하는 과정만이 아니라 독자의 경험이나 감성, 사고에 따라 얼마든지 다른 의미의 스펙트럼으로 뻗어나가 변화하고 재창조될 수 있

---

1) '관광적 접근'이란 학생들이 교육 과정 속에서 관광하듯이 다른 문화를 한번 접하고 마는 것을 말한다. 이는 오히려 타문화에 대해 고정관념을 길러줄 가능성이 크다(윤혜원, 2000).

다. 이로 인해 독서 활동은 아동·청소년들로 하여금 타인을 이해하는 세계관을 확립할 수 있고, 스스로의 인지적 상상력도 키울 수 있는 무한한 장점이 있다. 또한 독서 교육은 아동·청소년에게 행해지는 다양하고 의미 있는 독서 활동을 통하여 독서 태도, 지식, 기술, 흥미, 습관을 형성하는데 도움이 된다(황현경, 2003).

최근 우리나라는 다양한 문화와 인종, 가치가 혼재하는 다문화사회로 변모해 가고 있으며, 이에 따라 우리 사회의 미래 주역인 학생들은 자신들이 속한 사회 전체의 문화적 다양성에 적응하면서 효과적으로 대처할 수 있는 능력을 요구받고 있다. 특히 학교 현장에서는 다문화 교육을 통해 학생들이 문화적 다양성과 차이를 이해하고, 다양한 문화적 가치를 인식하고 수용할 수 있도록 지도해야 한다는 필요성이 제기되고 있다. 이에 다문화시대 강조되고 있는 가치를 독서활동을 통해 지속 가능한 방안을 모색해 보고자 한다.

1. 다문화 독서 지도의 개념

다문화 독서 지도는 다문화적 역량(Cross-Cultural Competency) 강화를 목표로 다문화 도서를 선별하여 읽고, 그 주제를 바탕으로 다문화를 이해하는 다양한 독서활동을 지도하는 것을 말한다. 다문화적 역량이란, 문화적 차이를 가진 타자를 이해하고 공감하는 능력을 일컫는다. 오늘날 세계화와 더불어 다문화사회로의 진전이 가속화되고 있는 상황에서, 정체성을 찾고 문화적 차이를 유연하게 받아들일 수 있는 열린 감수성과 다른 문화에 대한 관용적 자세를 포괄하는 다문화적 감성과 역량은 새로운 다문화 환경에서 강조될 수 있는 시민적 자질이자 조직전문가의 중요한 역량 중 한 요소라고 할 수 있다.

교실 수업에서 교과서 및 기본 교재 외에 학생들의 눈높이에 맞는 도서를 교육 자료로 활용하는 것은 가장 일반적인 다문화 독서 지도 방법 중의 하나이다. 다문화 교육을 위해 활용되는 독서 자료는 아동 도서, 어린이 책, 아동 문학, 동화, 민간 서적, 상업 서적 등과 같은 다양한 용어로 불려진다. 그러나 각각의 용어들은 다문화 교육에서 활용하는 책의 특성을 명확하게 드러내 주지 못한다는 점에서 한계가 있다. 아동 도서나 어린이 책과 같은 용어는 도서를 사용하는데 적합한 연령 수준은 알려주지만 책의 내용이나 지향점과 같이 다문화 교육에 적합한 도서의 특성이 무엇인지를 드러내 주지는 못한다. 또한 동화나 아동 문학과 같은 용어는 다문화 교육을 위해 활용할 수 있는 도서의 선택 범위를 문학 장르로 제한할 우려가 있다. 물론 한주섭(1990)은 아동 문학이 단지 순수 문학뿐만 아니라 문학적인 표현 양식을 띠는 픽션과 논픽션을 모두 아우르는 폭넓은 개념이라고 설명한 바 있지만 문학 작품의 내용이 사실에 기반을 둔 것이든 창조된 것이든 등장인물과 스토리를 중심으로 한 문학적인 접근을 시도한다는 기본 특성은 공유한다. 따라서 다문화 교육에서 활용하는 책을 문학 작품으로 규정할 경우 정보 전달을 목적으로 만들어진 다양한 책들을 포괄하지 못한다는 한계가 있다. 민간 서적이나 상업 서적과 같이 도서 개발 및 발행 주체에 초점을 맞추는 것 역시 정부 주도적으로 개발된 교과서에 비해 다양하다는 느낌은 전달되지만 다문화 교육에 적합한 도서로서 갖추어야 할 특성이 무엇인지를 뚜렷하게 드러내 주지는 못한다. 따라서 기존 용어들의 한계를 극복하고 다문화 교육에서 활용하는 도서의 성격이 무엇인지를 더 명확하게 드러내기 위해서 최근에는 다문화 도서(multicultural literature)라는 개념을 사용한다.

다문화 도서의 성격과 범위를 한마디로 정의하기는 쉽지 않다. 예를 들어, 해리스(Harris, 1992)는 다문화 도서를 미국 사회의 소수문화 집단인 아프리카계, 아시아계, 라틴계 미국인 등과 같은 유색인, 종교적 소수자, 장애가 있는 사람, 노년층에 초점을 맞춘 도서라고 정의한 바 있다(Au, 1993). 이 정의에서는 다문화 도서가 그 사회의 소수집단에 대한 내용을 다룬다는 점을 강조한다. 그러나 다문화 도서에서 더 중요한 것은 소수집단을 다루는 방식이다. 다문화 도서는 소수문화 및 그 집단 구성원의 삶을 문화 다양성의 관점에서 기술하여 특정 집단에 대한 편견과 고정관념을 해소할 수 있는 방식으로 그려낸다. 이와 같은 점을 강조하기 위해 박윤경(2007)은 다문화 도서를 '인종, 민족, 종교, 계층, 언어, 성, 장애, 연령, 가족 등과 관련하여 다양한 사회 집단의 문화를 다문화적인 관점에서 기술한 책'이라고 정의하였다. 와인바움(Weinbaum, 1999)도 다문화 교육을 위한 새로운 접근법으로 다문화 도서를 사용하는 것이 유익하다고 하였다. 왜냐하면 다문화 도서 속에는 다문화적 표현이 담긴 등장인물과 배경이 나타나기 때문에 다양한 문화를 지닌 다민족, 다인종의 사람들이 세상에 있다는 것을 쉽게 인정하고 받아들일 수 있게 하기 때문이다. 따라서 학생들은 다문화 도서를 자주 접해 봄으로써 다양한 문화 속에 사는 다채로운 삶을 그들의 생각과 행동 속에 포함할 수 있는 기회를 가진다.

정리하자면, 다문화 도서는 내용 및 관점의 차원에서 크게 세 가지 특징을 가지고 있다. 첫째, 내용의 차원에서 다양한 집단 구성원의 삶과 문화, 혹은 문화 다양성을 주제 및 소재로 다루는 책이다. 둘째, 관점의 차원에서 다양한 문화가 공존하는 것의 장점과 가치를 기본 바탕으로 하는 책이다. 셋째, 세계화 시대에 다양한 인종과 문화 및 가치를 어떠한 관점에서 바라보고 대응해야 하는지를 담고 있는 책이다. 이에 다문화 도서에는 시나 소설과 같은 문학 작품은 물론 특정 주제를 중심으로 지식과 정보를 제공하는 정보 도서도 포함된다(박윤경, 2007).[2]

한편, 오늘날 독서의 개념을 정립하는데 있어서 특히 주목되는 요소는 독서의 물리적 대상이 되어온 '책'의 형태적 변화이다. 이는 영상 매체 이용의 급증에 따른 변화로써, 예컨대 인터넷상 웹사이트 등의 전자출판물 등이 있다. 따라서 이때의 독서란 문자의 의미를 도출해 내는 문자해독이나 단순한 의미전달 행위로부터 변화하여 수많은 정보와 지식을 담고 있는 독서 자료를 분석, 종합, 추론, 판단하는 주도적이며 주체적인 사고과정(고수진, 1997)으로 정리된다. 요컨대 오늘날처럼 다매체가 공존하는 시대에는 출판

---

2) 다문화 도서는 일반적으로는 문자 언어를 활용한 서책의 형태이지만, 최근에는 전자책, 또는 영화나 만화 등 시청각 매체로 표현되기도 한다. 박윤경(2007). "지식구성과 다문화 문식성". 『독서연구』. 18(2). PP.97~126.

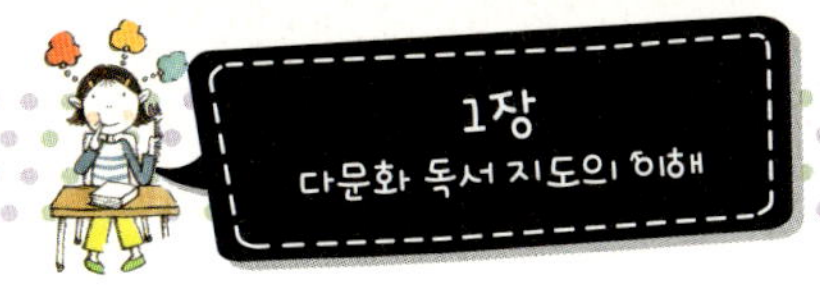

매체의 독서 개념이 타매체에도 적용되어 텔레비전을 위시한 시·청각 매체의 수용에도 독서라는 용어를 사용하며, 지면 독서와 화면 독서 등 매체 해독의 개념으로 확산되고 있다.

따라서 독서활동이란 단지 문자로 이루어진 글 또는 그러한 글들이 일정한 분량으로 함께 묶여진 책을 대상으로 하는 것만이 아니라 인간이 접하는 모든 전달 매체들을 대상으로 정보와 지식, 생각과 느낌을 공유하고 키우는 행위라고 할 수 있다. 이런 맥락에서 독서는 책읽기만이 아니라 텔레비전과 인터넷, 비디오, 영화는 물론 앞으로 나올 미지의 전달 매체까지 수용하는 것을 뜻한다. 다문화 시대이자 정보 홍수의 시대인 요즘, 다양한 미디어들을 모두 활용할 수 있는 능력은 필수이고, 이와 관련된 능력이 바로 독서라는 사실을 새롭게 거듭 확인할 필요가 있다(백진현, 2004). 즉, 다문화 독서 지도란 다문화 도서 읽기는 물론 텔레비전 읽기, 영화 읽기, 인터넷 읽기 등 사람이 시각적으로 접할 수 있는 모든 자료의 해석과 처리 창출에까지 걸친 활용 행위를 말하며, 이를 통해 독자들로 하여금 문화적 차이를 가진 타자를 이해하고 공감하는 능력인 다문화적 역량을 개발할 수 있도록 지도하는 것이라 정의할 수 있다.

2. 다문화 독서 지도의 필요성

오늘날 다문화 독서 지도가 필요한 이유는 무엇일까? 그 해답은 변화된 사회와 교육 현장에서 찾을 수 있다. 다문화사회로의 변화는 교육계나 학계에 있어 다문화교육에 대한 필요성과 중요성을 대두시켰으며, 세계시민으로서 상호 교류와 협력을 할 수 있는 사람을 미래 인재상으로 손꼽게 하였다. 다양한 언어, 문화, 민족과 더불어 살아가야 할 우리 아동·청소년들에게 다문화이해 교육은 필수적이며, 최근에는 이를 위한 교육과정과 다양한 매체를 활용한 교육방법이 개발되고 있다.

다문화 독서 지도는 다양한 매체를 활용한 다문화교육 방법 중의 하나로 다문화 도서 읽기는 물론 텔레비전 읽기, 영화 읽기, 인터넷 읽기 등 사람이 시각적으로 접할 수 있는 모든 자료의 해석과 처리 창출에까지 걸친 활용 행위를 말한다. 아동·청소년들은 이와 같은 자료를 활용한 다양한 활동을 통해 문화적 차이를 가진 타자를 이해하고 공감하는 능력인 다문화적 역량을 개발할 수 있다.

베넷(Bennett)은 다문화교육의 핵심적 가치를 크게 네 가지로 정리하였다. 첫째는 문화적 다양성의 수용과 인정, 둘째는 인간의 존엄성과 보편적 인권에 대한 존중, 셋째는 세계 공동체에 대한 책임, 넷째는 지구상에 존재하는 모든 사람들에 대한 존중이다. 이는 다문화 교육과정에 철학적 기초를 제공해 줄 수 있을 뿐만 아니라 교사로 하여금 다문화교육의 교수–학습에 대한 목적을 명확하게 설정할 수 있도록 해 준다. 이를 바탕으로 다문화 독서 지도의 필요성을 정리하면 다음과 같다.

첫째, 문화적 다양성을 유연하게 수용하고 인정할 수 있다. 다문화사회에서 소수문화 집단에 속한 개인이 느끼는 인식의 과정과 주류문화 다수자 집단에 속한 개인이 느끼는 인식 과정은 다문화적 상황에 노출된 처음 시기에서만 차이가 있을 뿐 궁극적으로는 다문화적 공존의 상황을 인식하는 방향으로 귀결된다. 다문화적 상황을 처음 접했을 때 소수문화 집단의 개인은 자신이 가진 문화가 주류문화가 아니라는 것 때문에 자신의 문화를 부정하다가 점차 주류문화에 저항하게 되고, 그 후 문화의 다양성에 눈 뜨는 과정을 거치면서 문화 간 공존의 중요성을 이해하게 된다. 반대로 주류문화 집단에 속한 개인은 이미 주류인 자신의 문화에 대한 우월감으로 소수문화 집단에 대하여 경시하고 차별하는 시각을 보이다가 소수문화 집단을 수용하고 이해하며, 공존하는 방향으로 인식을 변화시켜 나간다. 이러한 방식에서 주류문화 집단이나 소수문화 집단에 상관없이 한 개인은 주류와 비주류 문화를 극복하고 문화 간에 나타난 차이를 인지하게 되며, 더 나아가 차이를 일으키는 사회적 편견이나 차별적인 시선을 발견하고 이를 뛰어넘어 보편적인 가치로 나아가거나 다양한 문화의 공존을 통해 다르지만 같이 사는 방법을 익히는 것으로 인지의 폭을 넓혀 가게 된다(구정화 외, 2015).

좋은 문학작품은 가치, 삶의 방식, 신념과 경험 등의 다양한 문화의 양상을 반영할 수 있기 때문에 문화를 이해하는 데 있어 가치 있는 방법이 될 수 있다(Campbell, 2010). 사실 문학에는 인간의 다양한 삶의 방식이 담겨 있고, 개인의 가치뿐 아니라 한 사회의 가치와 꿈이 포함되어 있다. 아동 · 청소년들은 훌륭한 문학작품을 통해 감동과 풍부한 문학 체험뿐 아니라 생활에 대한 올바른 인식을 가지게 됨으로써 가치 있는 삶의 방향과 바람직한 삶의 대응 방식을 추구할 수 있게 된다(이정미, 2008). 다시 말해, 독자인 아동 · 청소년들은 다문화적 요소가 담긴 문학 경험을 통해 다양한 문화를 접하고 의사소통과 감정의 교류가 일어날 수 있다는 점에서 다문화교육에서의 문학의 활용은 무한한 가능성이 있다. 뱅크스(Banks, 2008)는 인종이나 민족과 직접적으로 접촉할 경험이 적은 학생들에게 간접적인 접촉 방법을 활용할 것을 제안한 바 있는데, 이러한 측면에서 다문화 도서를 활용한 간접적인 접촉은 효과적인 다문화교육을 위한 대안이 될 수 있다. 한편 램지(Ramsey, 1987)는 다양한 문화 속에서 살아가는 사람들에 관한 인식을 발달시켜 주는 다문화 반영 도서의 중요성을 강조하면서, 다문화 반영 도서가 다문화교육을 위한 기본 교수매체로 활용되어야 한다고 주장한 바 있다. 이는 다문화적 요소가 반영된 도서를 통하여 학생들은 다양한 관점과 폭넓은 사회적 경험을 가지며, 동시에 다양한 지역에 살고 있는, 모든 사람에 대한 긍정적인 감정과 태도를 발달시킬 수 있기 때문이다.

둘째, 인간의 존엄성과 보편적 인권을 존중하는 태도를 기를 수 있다. 지구촌이라고 이야기하고 이주의 시대라고는 하지만 여전히 개별 국가는 존재하며, 지구는 평평하지 않다. 국가의 경계를 넘어 들어오는 사람들에 대해 그들이 국가가 필요로 히는 일꾼이라는 인식에서 수용은 하지만 그들의 문화나 삶의 방식에 대해서는 여전히 낯설어 하거나 경계의 눈빛을 보낸다. 심지어 차별, 무시, 경멸의 시선을 던지기도 한다. 그러나 국경을 넘어 온 사람들만 이런 차별과 무시 혹은 경멸의 시선을 받는 것은 아니다. 성, 연령, 민족, 인종, 출신 배경, 학력, 외모 등 다양한 요소에서 차별, 무시, 경멸의 시선은 나타난다. 한 사회 내에서 차별과 무시의 시선을 받는 사람들은 대체로 그 사회의 소수자이거나 사회적 약자인 경우가 대부분이다. 사회적 약자나 소수자는 "신체적으로 또는 문화적 특징으로 인해 사회의 주류 집단 구성원들에게 차별을 받으며, 스스로 차별받는 집단에 속해 있다는 의식을 가진 사람들"이라고 정의할 수 있다(박경태, 2008). 여기서 말하는 사회적 약자나 소수자는 구성원의 수적인 측면을 말하는 것이 아니라 그들이 그 사회 내에서 발휘하는 영향력 등을 고려한 표현이다.

인권 침해 문제는 요즘 한국 사회에서도 동일하게 재현되고 있다. 다문화가정의 구성원인 결혼이주자와 그 자녀, 외국인 근로자, 중국 동포나 고려인 동포, 북한이탈주민이나 난민 등에 보내는 시선은 그들의 인격적 존엄을 존중하지 않는 경우가 많다. 이들이 사회에서 차별받지 않고 인간으로서의 권리를 누릴 수 있도록 하는 과정에서 무엇보다 필요한 것이 문화적 인정이다. 이 문화적 인정은 문화도 일종의 권리 목록으로 보는 관점에서 출발한다. 즉, 인권으로서의 문화권은 한 사회에서 소수자들이 주류 사회로 통합을 가능케 하는 일인 동시에 이를 위한 물질적, 정서적 기반을 공급하는 일이며, 소수자들의 문화적 차이를 옹호할 수 있는 매우 복합적인 권리이다. 이 점에서 문화권은 소수자들이 주류 언어와 문화에 대하여 전면적으로 접근할 수 있는 권리이며, 동시에 소수자로서 자신의 언어와 생활양식과 문화를 유지할 수 있는 권리이고, 원치 않는 강압적인 문화 통합에 대항하여 주류문화를 거부할 수 있는 권리이다(김현미, 2008)

문화권에 대한 사회적 인정을 위해서는 다수자 주류집단이 가진 소수자에 대한 차별의식과 고정관념을 먼저 제거해야 한다. 즉 소수자에게 문화권을 부여하는 것뿐만 아니라 문화권을 제대로 누리기 위해서는 주류 사회의 인식 변화가 함께 이루어져야 한다. 바로 이 측면에서 주류 사회의 소수 문화 집단에 대한 '사회적 인정'을 위한 기반으로 요구되는 것이 바로 다문화교육이다. 그러므로 한국사회에서 다수이자 주류의 범주에 속해 있는 아동·청소년들을 대상으로 한 다문화 교육은 매우 중요하다. 다문화 독서 지도는 인간의 존엄성과 인권 존중의 가치를 담은 독서활동을 통하여 한 사회가 가진 주류집단의 관점과 그 관점에 따른 차별의식을 사회적으로 드러내고, 그것의 문제점을 논의하는 과정에서 그러한 차별적 태도와 고정관념을 제거하는 역할을 할 수 있다.

셋째, 세계시민으로서 공동체에 대한 책임감을 기를 수 있다. 교육과정 시기별 시민의 규정이나 시민성 논의를 보면, 사회 변화에 따라 시민에 대한 규정과 시민성 논의를 새롭게 하였다. 이런 점에서 시민성은 고정된 개념이 아니라 변화와 역동성을 내재하는 개념이라고 할 수 있다(송현정, 2003). 시민과 시민성 개념이 변화를 고려하면서 논의되는 것이라면, 다문화 사회의 전개를 눈앞에 두고 다문화교육을 지향하는 현시점에서 다문화 사회 담론과 다문화교육에 적합한 시민성 논의가 필요하다.

'다문화적 시민성(multicultural citizenship)'은 자신의 민족적 · 문화적 공동체 와 국가 시민문화(national civic culture) 모두에 애착심을 가질 수 있는 시민의 권리와 필요를 인정하고 정당화하는 것을 말한다. 한 개인이 다문화적 시민으로서 자신의 문화 정체성을 이해하게 되면, 국가를 구성하는 다양한 민족, 인종, 언어, 종교 공동체가 국가 시민문화 속에 반영되고 제 목소리를 낼 수 있도록 국가와 시민 사회가 변혁될 것이며, 이때 다양한 문화 공동체는 정당한 존재로 인식된다(Banks, 2004). 다문화적 시민성은 단순히 자신의 삶의 영역이 국가를 비롯한 다중적인 삶의 위치에 있는 것으로 한정하여 보는 것이 아니라 자신의 삶의 다양한 위치—지역적 정체성, 국가적 정체성, 문화적 정체성, 세계시민적 정체성 등—에서 자신이 속한 다양한 정체성이 상호 역동적으로 관련을 맺으면서 영향을 주고받음을 인지하고 더불어 공동체가 다양한 문화적 집단들을 소외시키고 공동체 구조 속에 수용하지 않는 상태를 파악하는 등의 비판적인 이해를 하도록 돕는 것이다(Banks, 2008).

이러한 다문화적 시민성을 갖춘 사람은 바로 구디쿤스트와 킴(Gudykunst and Kim, 1984)이 말하는 '다문화적 인간'이라고 볼 수 있다. 다문화적 인간(multicultural person)은 간문화적으로 변해가는 과정에서 한 단계 더 높은 단계로 나아가는 사람이며, 그의 인지적·정서적·행동적 특성은 특정 문화권에 제한되기 보다는 그것을 초월하여 성장하고자 한다. 즉, 다문화적 인간은 자신이 가진 문화적 고정관념에 도전하여 자신만이 아닌 다른 문화에 대해서도 객관성을 유지하며, 이에 따라 문화 간 접촉에서 제3의 새로운 관점을 견지하고, 이를 기반으로 문화적 공감이나 타자의 문화에 대한 긍정적인 참여를 가능케 하는 능력인 다문화적 역량을 발휘할 수 있는 사람이다. 그리고 그러한 다문화적 역량은 세계시민으로서의 기본적인 자질이라고 말할 수 있다. 결국 다문화교육의 목표는 바로 주류 문화 집단과 소수 문화 집단을 구분하지 않고 모두를 대상으로 이러한 다문화 역량에 기초한 다문화적 시민성을 갖춘 인간을 양성하는 것이라 할 수 있다.

특정 민족과 제3세계 국가들이 세계자원을 정당하게 공유하는 것에서 제외되고, 세계 독성 폐기물의 불법투기 장소로 여겨지며, 빈곤과 기아로 고통 받는 등 주요 문제들이 지구의 미래와 인간의 행복을 위협하고 있는 현 시점에서 미래의 동력인 학생들에게 적극적인 시민 참여에 필요한 지식과 태도 및 기술 등을 가르치는 것은 매우 중요하다. 특히 공동체 의식을 바탕으로 한 지구적 사고와 지역적 행동, 정치적 효과와 참여적 태도 등은 전 지구적 책임성 개발에 반드시 필요하다. 따라서 다문화 독서 지도를 통하여 모든 집단은 사회적·정치적 변화를 일으킬 공평한 기회를 가진다는 것과 시민들은 인간 생존에 위협적인 지구적 위기와 문제를 감소시킬 수 있는 행위들에 대해 알 권리가 있다는 것을 학습하고, 반성하며, 분석하고 실천할 수 있도록 지도해야 한다.

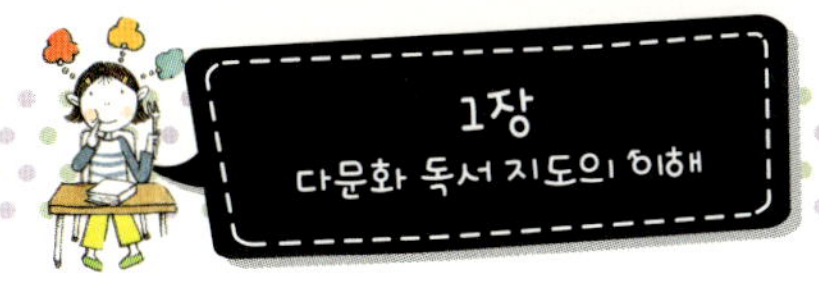

3. 다문화 독서 지도의 목표

뱅크스와 뱅크스(Banks and Banks, 2004)에 따르면, 다문화교육은 소수민족만을 위한 교육이 아니며 문화적, 민족적 정체성과 다양성이 증대하는 세계를 살아가기 위해 필요한 지식, 기술, 가치와 태도를 함양하도록 하는 총체적인 교육개혁 운동으로 보았다. 일반적으로 다문화교육을 매우 좁게 보았을 때는 다문화교육을 통해 교육의 대상자에게 직접적인 프로그램을 제공하는 것으로 파악하기도 한다. 이렇게 다문화 프로그램을 제공하는 이유는 다문화 사회의 도래에 따라 학습자들이 다문화 사회를 이해하고 그 사회에서 살아가기 위해 필요한 지식과 가치, 기능을 익히도록 하는 데 있다. 물론 구체적으로 다문화 사회에서 살아갈 때 필요한 지식과 가치, 기능이 무엇이냐에 대한 논의는 다양할 수 있고, 그 대상이 누구냐에 따라서도 달라질 수 있다.

뱅크스(Banks, 2008)는 모든 학생이 자문화, 주류문화, 타문화가 공존하는 다문화 사회에서 요구되는 지식과 기능 및 태도를 배워야 하는 것이 다문화교육의 주요 목표라고 하면서 구체적인 예를 언어문화를 들어 설명하였다. 예를 들어 주류 백인의 학생들은 흑인 영어의 독특함과 풍부함을 배울 필요가 있고, 흑인 학생들은 가족과 공동체로부터 소외감과 이질감을 느끼지 않으면서 주류 사회에서 성공할 수 있도록 표준 영어를 말하고 쓸 수 있어야 한다는 것이다. 이런 과정을 통해 백인 학생의 경우, 흑인 영어의 특징을 이해하고 그들을 이상하게 보지 않을 것이며, 흑인 학생들은 백인 영어를 사용하는 사람들과 같이 일하는 직업을 선택하는 것이 가능해진다. 즉 단순히 언어를 배우는 지식수준의 이해에서 끝나는 것이 아니라 다른 언어를 사용하게 되는 타문화의 맥락을 이해하면서 가치가 달라지고, 다문화적 지식을 가짐으로써 다문화사회에서 공존할 수 있는 기능을 익히게 되는 셈이다.

한국 사회의 경우에도 다문화교육을 통해 습득해야 할 지식, 기능, 가치와 태도에 대한 논의가 진행되었다. 2005년을 기점으로 한국 사회 내에서 다문화교육에 대한 관심이 증가하면서 다문화교육을 위한 교수학습 내용이나 다문화 프로그램을 개발하는 연구들이 활발하게 진행되었는데, 여기서 제안된 다문화교육의 목표로서 지식, 기능, 가치 및 태도를 살펴볼 수 있다. 특히 오은순(2009)은 한국에서 이루어지는 다문화교육의 교수학습과정이나 프로그램 개발 내용을 기초로 실제 이루어지고 있는 다문화교육의 프로그램 영역을 '정체성, 다양성, 평등/정의, 시민성, 문화 창조성'으로 구분하고, 그 세부 목표를 다음 〈표 1-1〉과 같이 정리하였다.

〈표 1-1〉 다문화교육 교수학습 프로그램 목표

영역	지식	기능	가치와 태도
정체성	• 문화적 맥락에서 활동하는 문화적 존재로서의 자신과 타인 이해하기		• 자문화에 대한 정체성 • 문화적 정체성 확립 • 자문화에 대한 자부심과 긍정적 태도 고양
다양성	• 타문화에 대한 이해 • 다문화사회 이해 • 다문화적 사회현실을 이해하기 위한 지식 제공 • 국가와 세계의 다양성 인식 • 문화적인 다양성 • 문화적 상대성과 다양성	• 문화 간 차이 인정 • 다양한 사회 속에서 살아가는 방법 • 인종, 민족, 성, 문화, 능력 집단 간의 효과적인 사회적 행위와 상호작용 기술 • 비판적 사고력 함양	• 타문화에 대한 관용 • 다문화에 대한 호기심과 흥미, 관심 • 다양한 문화의 가치 인식 및 수용 • 타문화 존중과 관용의 정신 함양 • 타문화에 대한 편견 불식
평등 / 정의	• 인권, 평화, 화합, 평등, 정의의 필요성 인식 • 다양한 맥락 속에서 불평등을 인식하는 방법 • 차별, 왜곡, 편견, 고정관념 이해하기	• 문화간 갈등과 충돌 해결 방안 모색 • 불평등, 불의, 인종주의, 편견을 인지하는 능력 개발 • 일상생활 속의 편견적, 차별적인 메커니즘에 대해 의문을 제기하고 바꿀 수 있는 능력 • 한 사회 내의 타문화에 대한 편견과 차별 해소 • 존중, 대등한 관계 형성 • 문화적 편견 해소 • 평등 사회 도모	• 배려 윤리 • 타인의 권리 존중 • 일상생활 속의 편견적, 차별적인 메커니즘에 대해 의문을 제기하고 바꿀 수 있는 관심 고양 • 평등과 정의의 가치에 대한 재확인 • 타문화 이해와 정의, 평등의 이념 교육
시민성	• 민주주의 원리 터득 • 집단의식이 가치, 태도, 행동결정에 도움을 주는 방식 이해하기	• 세계화시대 대비 • 시민성 • 함께 살기 위한 새로운 능력과 상대주의적 태도의 발전 • 사회정의를 위해 일할 의무와 권리를 가진 책임감 있는 시민으로서의 행동 • 민주적인 시민의 자질과 능력 • 사고력, 문제해결력 • 학문적 기능 발달	• 국제사회에 기여하고 함께 살아가는 마음 함양 • 타인과 타인의 문화에 대한 존중, 더불어 살아가는 열린 태도 • 함께 살기 위한 새로운 능력과 상대주의적 태도의 발전 • 평화적으로 협력하는 태도 • 공동체 의식과 연대감
문화 창조성		• 새로운 문화를 재창조할 수 있는 창의력 • 미래 사회를 위한 새 문화 창조	

자료 : 오은순(2009).

한편, 아우어른하이머(Auernheimer, 2008)는 다문화교육이 주류 다문화주의와 급진적 다문화주의 중 어디에 기반을 두느냐에 따라 교육 목표가 달라진다고 하였다. 주류 다문화주의는 이주민의 주류사회에의 동화를 지향한다. 예를 들면, 토착 인디언, 아시아계, 라틴 아메리카계, 아프리카계를 백인이 아닌 이질적인 집단으로 인식하고 이들을 주류 백인 문화에 동화시키는 것에 관심을 갖는 미국의 정책이 이에 해당한다. 이에 반해, 급진적 다문화주의는 소수자에 의한 사회적 변화를 당연하게 받아들이는데, 이 관점에서는 주류문화라는 것 자체가 존재하지 않는다. 그러나 급진적 다문화주의를 지향할 경우, 소수집단이 자결의 원칙을 내세워 자신들만의 공동체를 강조하는 경향이 강하게 나타날 때 사회 구성 집단의 문화적 공존이 쉽지 않을 수 있다.

이를 종합하면, 다문화교육은 각 집단의 문화적 다양성을 존중하여 소수자 문화가 구조적 불이익을 받지 않도록, 예를 들어 다문화 방송과 다언어 교육을 하면서도, 어떻게 사회통합을 통한 새로운 공동체의 형성을 위한 역동성을 잃지 않을 수 있는가를 고민하는 과제를 안고 있다. 같은 맥락에서 브라쉬케(Blaschke, 2006)의 주장, 즉 다문화교육이 외국인의 문화적응만을 목적으로 하지 않기 때문에 이주민 가정의 자녀만을 대상으로 하는 교육이 아니라고 한 것을 이해할 수 있다. 다문화교육의 목적은 감정이입, 연대감, 개방성, 문화존중 등을 통해 다문화 의식을 함양시키는 것이다. 즉, 다문화교육은 상호 평등한 관계 속에서 다양성을 추구하는 교육이라고 할 수 있다(김혜온, 2012). 이와 같은 맥락에서 니케(Nieke, 2000)는 다문화 교육의 목표를 다음 여섯 가지로 제시하였다.

❶ 관용

관용은 다른 문화의 문화기준을 인정하는 태도를 갖는 것을 의미한다. 사람은 익숙하지 않은 것에 직면했을 때 불편해하거나 심지어 불안해하는 반응을 보이기 쉽고, 이로써 방어적인 태도를 갖게 되고 상대방을 거부하게 된다. 다문화 교육을 통해 이러한 정서적 반응을 조절하는 것을 시도하는데, 예를 들어 다른 문화기준에 대해 가질 수 있는 불안이나 거부반응을 새로운 것에 대한 호기심으로 전환하는 것이다. 또한 가치관이 충돌할 때 양쪽의 관점을 모두 존중하고, 혹시 어느 한쪽으로 결정을 내려야 할 때에는 왜 그런 결정을 하게 되었는지에 대해 근거를 마련한다. 이런 과정에서 자신의 문화기준이 과연 옳은가에 대해서도 생각하게 된다. 가치관이 충돌할 때 대부분 주류사회의 가치관을 강요하는 경향이 있는데, 이를 경계하는 태도를 갖도록 하는 것이 중요하다.

❷ 자기문화 중심성의 인식

사람이 자신이 성장한 문화의 가치관을 기준으로 생각하고 판단하며 행동하는 것은 당연한 일이다. 그러나 그들이 전혀 다른 문화적 관점을 접하게 되고 또 다문화 의사소통 상황에서 오해가 빚어지는 경험을 하게 되면 자신의 문화기준에 대해 다시 한 번 생각해 보게 될 것이다. 다문화 교육은 사람이 다양한 문화들의 차이에 대해 민감해지고 자기문화 중심적인 태도에서 벗어나는 것을 목표로 한다. 그렇다고 다문화 교육으로 각자의 문화기준을 포기하도록 하는 것은 아니다. 단지 문화적 배경이 다른 사람을 만났을 때 그들을 이상하게 여기거나 혹은 무시하는 태도를 갖지 않도록 해야 한다는 것이다.

❸ 문화적 차이의 인정

소수집단의 경우 주류사회에 잘 적응하는 것을 중요하게 생각할 것이다. 그러나 다문화 교육에서는 소수집단 구성원이 자신의 문화집단에 대한 소속감을 갖는 것도 존중한다. 즉, 소수집단의 언어, 의식주생활, 종교 등의 차이를 인정하고, 주류사회에의 동화를 강요하지 않으며, 더 나아가 주류사회와 소수집단 구성원이 문화 교류를 통해 서로 풍요로운 삶을 살 수 있다는 것에 주목한다. 예를 들어, 다문화 교육에서는 의식주 생활, 예술 등의 영역에서 다른 문화와 어떻게 상호 영향을 주고 받았는지에 대해 관심을 갖는다. 그러나 이런 교육을 할 때 이른바 민속주의에 대해서 경각심을 가져야 하는데, 다른 문화를 이해하는 것이 단순히 민속춤을 공연하거나 관람하는 것 혹은 그들의 전통의상을 입어 보거나 옛 건축물을 감상하는 것으로만 이루어지는 것이 아니기 때문이다. 특히 이러한 경험들이 실제 생활에서 전혀 의미가 없을 때는 문화의 의미를 왜곡시킬 수 있다는 문제가 있다.

❹ 인종주의에 대한 경각심 함양

아동·청소년이 가진 인종주의적 경향을 무조건 비판하지 말고 이에 대해 성찰하도록 한다. 예를 들어, 피부색이 다른 사람에 대해 왜 거부감을 갖고 있는지에 대해 생각해 보게 하고 토론을 하도록 한다. 인종주의적 태도

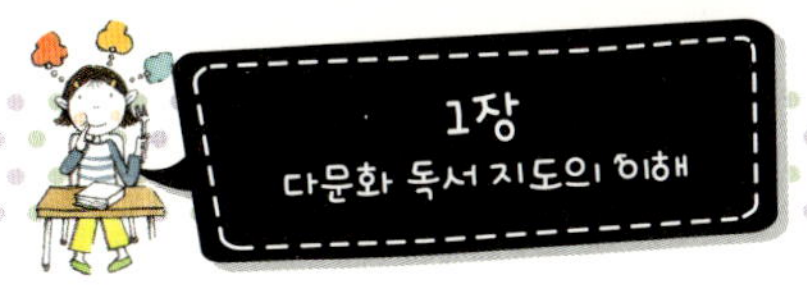

가 무의식 기저에 있을 때 이에 대해 이야기를 나누어 봄으로써 이를 의식의 수준으로 끌어올리도록 시도한다.

❺ 연대감의 지원

소수집단이 다른 소수집단과 연대감을 가질 수 있도록 지원한다. 이로써 소수집단 구성원이 자신의 문화에 대한 소속감과 자긍심을 높일 수 있고, 더 나아가 주류사회에서 자신의 목소리를 낼 수 있는 사회적 역량을 갖게 된다.

❻ '우리' 정체성에 대한 토론

정체성은 소속감과 관련이 있다. 따라서 소속감을 증진함으로써 정체성 형성에 기여할 수 있다. 그러나 배타적인 공동체 의식이 지나치면 다른 집단을 거부하는 양상으로 발전할 수 있으므로 이를 경계한다.

이상과 같이 다문화 교육은 반편견 의식과 평등, 그리고 사회적 연대와 정의를 추구하며, 이 외에도 보편적 인권에 대한 존중과 상호 협력 및 문화 교류를 할 수 있는 세계시민을 양성한다는 목표를 담고 있다. 그러므로 다문화 독서 지도의 주요 덕목 역시 다문화적 역량 강화를 위해 다문화 교육과 그 축을 함께 할 필요가 있다. 다문화적 역량 강화를 위한 다문화 독서 지도의 주요 주제이자 덕목은 여러 연구자들과의 토론을 통해 인권, 관용, 평화, 상호협력, 문화교류, 세계시민 등 여섯 가지로 추출하였다.

인권은 사람이 개인 또는 나라의 구성원으로서 마땅히 누리고 행사하는 기본적인 자유와 권리를 말한다. 인권에는 자유로울 권리, 차별받지 않을 권리, 일할 권리 등이 포함되어 있다. 국적, 인종, 성별, 학력, 신분고하나 장애여부, 성적 취향 등과 관계없이 인간으로서, 인간답게 살기 위해 누려야 하는 기본권에 대한 보장이 무엇보다 중요하다.

관용은 원래 '너그럽게 받아들이거나 용서함'을 나타내는 말이다. 이는 다양성이 보장되는 민주 사회에서 자기와 다른 사람의 이질성을 받아들이고 용인하는 능동적이고 개방적인 자세를 포함한다. 따라서 관용 정신을 지닌 사람은 자신의 신념을 절대적인 것으로 여기지 않고, 이익만을 추구하는 행위를 하지 않으며, 다른 사람의 이해관계나 가치를 인정하는 태도를 지닌다.

평화는 평등을 바탕으로 모든 민족과 문화, 문명, 가치, 생활양식에 대한 이해와 존중에서 시작한다. 따라서 평화 교육을 위해 문화적 다양성 이해, 인권 존중, 환경 및 생태계 존중, 전쟁 방지, 국제 문제 해결, 국제 관계 이해를 위해 노력해야 한다.

상호협력은 힘을 합하여 서로 돕는 것을 말한다. 상호협력이 이루어지기 위해서는 서로에 대한 이해와 함께 양보와 수용의 태도가 선행되어야 한다. 최근국제 사회는 인간다운 삶을 보장하고, 삶을 영위할 수 있는 기초적인 발판을 마련하고자 국제 협력에 힘쓰고 있다. 국제 사회의 평화 질서와 안전 유지를 위한 상호협력의 중요성과 국제기구의 역할을 이해해야 한다.

문화교류는 이질문화를 배경으로 한 조직이나 국가 혹은 인간간의 접촉이나 교류를 말한다. 따라서 모든 국가는 문화적 다양성을 존중하고, 불평등과 편견에 대한 인식을 전환해야 한다. 그리고 민족에 대한 이해와 존중,

문화와 문명에 대한 이해, 인류의 가치와 생활양식에 대해 이해하고 존중해야 한다.

세계시민은 특정한 나라의 국적에서 벗어나 인류 공동체의 일원으로서 세계 공동체 의식을 가지고 지구촌 문제 해결을 위해 협력하는 사람을 일컫는다. 세계시민은 전 지구적 문제와 자국의 전통문화 유지, 세계 공동체성 등 3가지에 관심을 가져야 한다. 특히 빈곤, 환경파괴, 빈부격차, 교육, 소년병, 지뢰, 인권유린, 독재, 에너지문제, 여성할례, 여성인권, 청소년 노동, 계급, 에이즈, 다국적 기업의 횡포, 전쟁, 대량학살 등 전 지구적 문제에 관심을 가져야 한다.

이상에서 언급한 다문화 독서 지도의 덕목을 지식과 기능 및 태도로 정리하면 〈표 1-2〉와 같다.

〈표 1-2〉 다문화 독서 지도의 목표

덕목(주제)	지식	기능 및 태도
인권	사람이 개인 또는 나라의 구성원으로서 마땅히 누리고 행사하는 기본적인 자유와 권리	인간의 기본권 존중 인권 보장 자유와 권리 실천
관용	남의 잘못을 너그럽게 받아들이거나 용서하는 마음, 타인의 생각이나 행동을 인정하고 받아들이는 자세	다양성에 대한 존중 보편적 인권 존중 기본적 자유 인정
평화	평등을 바탕으로 모든 민족과 문화, 문명, 가치, 생활양식에 대한 이해와 존중	문화적 다양성 이해 인권 존중 환경 및 생태계 존중 전쟁 방지 국제 문제 해결 국제 관계 이해
상호협력	상대가 되는 이쪽과 저쪽 모두 서로 돕는 마음으로 힘을 모음	상호 존중 국제개발협력 국제 평화와 안전 유지 국가 간 우호 증진
문화교류	이질문화를 배경으로 한 조직이나 국가 혹은 인간간의 접촉이나 교류	문화적 다양성 존중 불평등과 편견 전환 민족에 대한 이해와 존중 문화와 문명 이해 가치와 생활양식 이해와 존중
세계시민	특정한 나라의 국적에서 벗어나 인류 공동체의 일원으로서 세계 공동체 의식을 가지고 지구촌 문제 해결을 위해 협력하는 사람	전 지구적 문제 자국의 전통문화 유지 세계 공동체성

다문화 독서 지도란 다문화적 역량(Cross-Cultural Competency) 강화를 목표로 다문화 주제어에 대한 지식과 기능 및 태도를 이해한 후, 다문화 도서를 읽고 다양한 주제별 독서활동을 지도하는 것을 말한다. 다문화 독서 활동을 통해 타문화의 생활양식과 가치관을 학습하고 존중하는 것, 그리

고 편견을 배제하여 의사소통 장애를 극복하는 것을 중요한 목표로 삼는다. 즉, 다문화 독서 교육은 상호 평등한 관계 속에서 다양성을 추구하는 다문화 교육의 목적을 달성하기 위해 다문화 도서를 선별하여 읽고, 지식뿐만 아니라 도서가 함축하고 있는 주요 덕목-인권, 관용, 평화, 상호협력, 문화교류, 세계시민-을 체득하는 과정이라고 할 수 있다.

한편, 다문화 교육을 실천하는 데에는 교사의 역할 역시 매우 중요하다. 교사는 다양한 문화 체계를 깊이 이해하고, 하나의 문화적 틀 안에 있는 지식 및 가치체계를 다른 문화적 틀에 비추어 해석할 수 있는 능력을 갖추고 있어야 하며, 두 문화 사이에 존재하는 차이를 연결할 수 있는 능력을 갖추어야 한다. 뿐만 아니라 교사는 교실에 존재하는 다양한 문화적 차이를 중재하는 문화적 중재자로서 학생과 진실한 대화를 이끌어 내고 유지할 수 있는 태도와 능력이 준비되어 있어야 한다. 이러한 측면에서 교사의 다문화적 역량이 무엇인지 고찰해보고 문화적으로 적절한 수업을 실천하기 위해 요구되는 교사의 역량을 점검해 볼 필요가 있다. 다양한 배경의 학생들이 공존하는 교수·학습 상황에서 교사들이 높은 효능감을 가지고 있을 때 학생들에게 효과적인 교육을 제공할 수 있고, 이러한 능력은 학생들의 성공적인 학습에 매우 중요한 요인으로 작용한다는 것을 명심해야 한다.

2장

다문화 독서 지도의 방법과 실제

1. 맛있게 읽는 다문화 독서

2. 주제별 다문화 독서 지도

2 다문화 독서 지도의 방법과 실제

최근 다문화 교육에 대한 연구는 확산되고 있지만 다문화 독서 지도에 대한 관심은 비교적 낮다. 그래서 다문화 시대를 대비하기 위해 단편적인 다문화 교육에서 벗어나 다문화 교실에서 연중 지속 가능한 다문화 독서 지도가 필요하다는 의견이 제기되고 있다.

이러한 요구에 부응하여 다문화 핵심 역량 여섯 가지를 주제어로 추출하여 다문화 이해 교육을 디자인하게 되었고, 그 방법으로 다문화 도서를 선정하여 맛있게 읽는 독서요리를 기획하게 되었다. 다문화 가정 아이들의 인권을 존중하고 다문화 가정과 문화에 대해 관용하는 교육을 독서활동을 통해 배울 수 있다. 다문화 시대가 되면서 우리는 다문화 가정을 포함한 우리 모두가 평화로운 세상을 꿈꾸게 되었고 이를 위해 우리 사회 다수자인 주류 사회가 소수자를 돕는 상호협력의 문화가 형성되어야 한다. 나아가 이질문화를 배경으로 한 다문화 가정과도 문화교류가 가능해야 하며, 우리 모두는 특정한 나라의 국적에서 벗어나 인류 공동체의 일원으로 세계 시민의 정체성으로 지구촌 문제 해결을 위해 협력하는 사람이 되어야 한다.

2015 개정 교육과정에서도 다문화 교육과 다문화 독서 지도가 강화되고 있다. 2015 개정 교육과정이 추구하는 인간상은 홍익인간의 이념을 바탕으로 '자주적인 사람', '창의적인 사람', '교양 있는 사람', '더불어 사는 사람'이다. 교육과정이 추구하는 이러한 인간상의 실현을 위해 2015 개정 교육과정은 교과와 창의적 체험활동, 그리고 학교생활 전반에 걸쳐 학생의 실제적 삶 속에서 무언가를 할 줄 아는 실질적인 능력을 기를 수 있도록 하기 위해 역량을 제시하였다. 그리고 이 핵심 역량과 함께 범교과학습 주제를 교육과정의 골격으로 삼아 2015 교육과정을 개정하였다. 2009 개정 교육과정에서 설정된 39개의 범교과학습 주제가 지나치게 세분화되어 실제 운영이 어렵다는 분석이 있었다. 이에 2015 개정 교육과정에서는 범교과학습 주제를 다문화교육을 포함한 10개의 범주로 통합·조정하여 학교 현장에서 다문화교육이 실제적으로 연중 지속 가능하게 개편되었다.

뱅크스(Banks, 2008)는 다문화적 교육과정을 다음과 같은 네 수준으로 설명하였다. 각각을 살펴보면 1수준에 해당하는 것은 기여적 접근법이다. 기여적 접근법은 영웅, 공휴일, 개별 문화요소들에 초점을 맞추는 형식이다. 다음으로 2수준에 해당하는 것은 부가적 접근법이다. 부가적 접근법은 기존의 교육과정에 다양한 문화적 내용, 개념, 주제, 관점들을 부가시키는 형식이다. 3수준은 변혁적 접근법이다. 변혁적 접근법은 교육과정의 규준, 패러다임, 기본적인 가정을 변화시키고 학생들이 다른 관점에서 개념, 이슈, 주제, 문제를 조망해 볼 수 있도록 한다. 이 접근법의 주요 목표는 학생들이 다양한 민족과 문화의 관점에서 개념과 사건 그리고 인물을 이해하고 지식이 사회적 구성물임을 이해하도록 돕는 것이다. 마지막으로 4수준은 의사결정 및 사회적 행동 접근법이다. 이 수준에서는 학생들이 의사결정을 내리고 학습한 개념, 문제, 주제들과 관련된 개인적, 사회적, 시민적 행동을 할 수 있는 프로젝트와 활동을 수행하도록 함으로써 변혁적 교육과정을 확장하는 것이다. 이러한 4수준의 다문화 교육과정은 1수준에서 4수준으로 갈수록 다문화 교육의 논리가 강화된 것이라고 할 수 있다. 기여적 접근법과 부가적 접근법은 기존의 교육과정 구조 내에서 이루어지는 것으로 기존의 지배문화 패러다임의 변화 없이 그대로 적용하는 것이지만, 변혁적 접근

<표 2-1> 다문화 교육과정 개혁을 위한 접근법(Banks, 2008)

출처 : 모경환 외(2008)

법과 의사결정 및 사회적 행동 접근법은 기존의 교육과정의 틀을 개혁하고 재구조화하는 패러다임의 변화를 요구하는 것이다.

베넷(Bennett, 2007)은 다문화 교육의 궁극적인 의미는 다양한 배경의 학생들이 그들의 잠재력을 잘 개발시킬 수 있도록 고려되고 배려된 교육을 제공하는 것이라고 하였다. 다문화 교육을 위해 기존의 교육과정에 대한 비판적 재고가 필요하다. 또한 다양한 배경의 학생들의 고유한 문화와 역사를 물리, 수학, 영어, 음악, 예술 등 특정한 교과목에서 어떻게 발달하고 이루어져왔는지 탐색해보고 접목해볼 필요가 있다. 베넷은 다문화 교육을 기존의 교육과정 안에서 교과과목을 통해 실천할 수 있는 방안을 제시하고 있다.

우리나라도 교육과학기술부(2008)가 교실 현장에서 사용가능한 다문화 교수–학습 모형을 개발하여 제시한 바 있다. 여기에서 관심의 초점은 교

〈표 2-2〉 다문화적 교육과정 개발을 위한 의사결정 지침(Bennett, 2007)

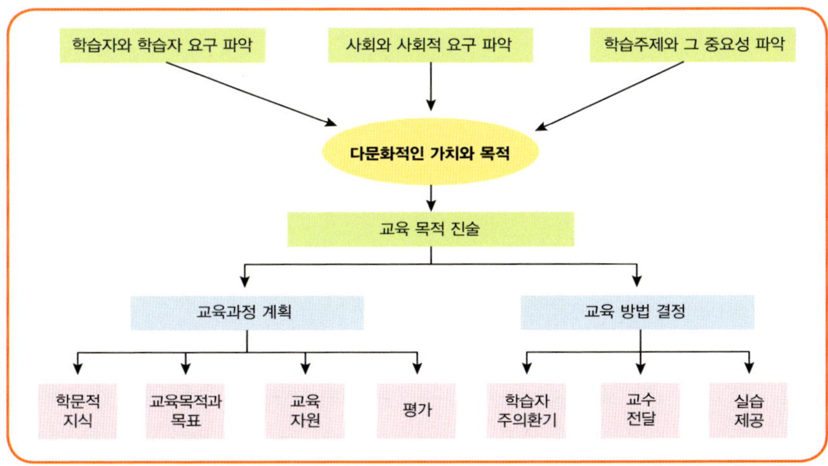

출처 : 김해온(2012 : 298)

과 수업 시간을 통해 다문화 학생들과 우리나라 학생들이 모두 효과적으로 교과 교육 목표에 도달하는가이다. 왜냐하면 우리나라 학생뿐만 아니라 다 문화가정 학생들도 학교교육, 교과교육을 통해 유능한 인재로 성장해야 하고 우리 사회의 훌륭한 일원으로 교육되어야 하며 자신의 꿈을 실현하는 장을 마련해주어야 하기 때문이다. 이러한 입장에서 다문화 교육을 핵심적으로 하는 것보다 각 교과 수업에서 다문화를 수용할 수 있는 방안을 모색하고 이를 통해 훌륭한 인재 양성을 위한 기틀을 제안하였다. 다문화 교육을 위한 교과수업에서 교수-학습 유형은 크게 추가형, 보완형, 대체형으로 설명하고 있다. 추가형은 배우고자 하는 수업 내용에 다른 민족, 인종의 내

〈표 2-3〉 다문화 교육을 위한 교과 수업 유형

수업유형	교과교육 내용	다문화교육 내용	다문화수업
추가형	우리나라 민속놀이	필리핀 민속놀이	여러가지 민속놀이
보완형	경제협력국 알기	문화협력국 알기	경제, 문화협력국 알기
대체형	설명문 읽고 중심내용 찾기	중국음식문화에 대한 설명문을 읽고 중심내용 찾기	설명문 읽고 중심내용 찾기

□ 교과교육내용, ○ 다문화교육 내용

출처 : 교육과학기술부(2009)

용을 함께 제시하여 추가하는 방식이다. 예를 들어, 우리나라의 민속놀이에 대한 수업을 한다면 필리핀의 민속놀이에 관한 것을 추가하는 경우이다. 보완형은 교과교육 내용의 일부분에 다문화 교육 내용을 보완하여 삽입하는 것이다. 예를 들어, 우리나라와 관계를 맺는 경제국가에 대하여 배운다면 문화적 협력관계에 있는 국가에 대한 내용도 보완하는 것이다. 마지막으로 대체형은 교과수업내용의 일부를 다문화 교육내용으로 바꾸는 것으로 예를 들어, 국어과에서는 다문화가 반영된 예시문을 통해 요약하기, 중심내용 찾기 등의 수업을 진행하는 것이다. 이러한 유형을 도식화하면 다음 〈표 2-3〉과 같다.

위에서 살펴본 바와 같이 교육과학기술부(2009)에서 제안한 교과 교육에서 다문화 교육 수업 유형은 뱅크스(2008)가 제안한 다문화적 교육과정 단계의 1수준인 기여적 접근과 2수준인 부가적 접근에 해당하는 내용이라고 할 수 있다. 즉, 기존의 교육과정의 형식을 그대로 유지한 채로, 다양한 문화적 배경이나 유산을 소개하거나 다문화적 주제를 부가하는 방식으로 설명된다. 이러한 수준의 다문화적 교육의 장점은 현재 교육제도 안에서 실천가능하고 실용적이라는 점이다. 현존하는 교육과정의 가치, 규범체계에 변화와 변혁을 요구하는 3수준의 변혁적 접근이나 4수준의 사회 기여적 접근은 그 실천에 있어서 여러 가지 제약이 따른다. 그러나 1수준과 2수준은 교과 과목에서 이루어야 하는 기존의 학습목표를 그대로 유지하고 있으면서 다문화적 요소를 부가하는 방식으로, 그 실천 가능성 측면에서 매우 유용하다. 그러나 여기에서 유의할 점은 다양한 문화 집단에 대한 내용을 부가함에 있어서 관광식접근(Derman-Sparks et al., 1989)이나 희귀 문화 경험식 접근(Nieto, 2002)이 되어서는 안 된다는 것이다. 니에또(Nieto,

2002)는 이러한 다문화적 교육에 대하여 주의를 기울여야 한다고 강조하며 다문화 교육이 소수집단 문화를 소개하는 수준에만 머무르는 것은 오히려 소수집단 학생들을 신기하고 희귀한 문화 공동체 일원으로 여기게 하며, 이것은 오히려 문화 인종적 편견이나 고정관념을 형성하게 할 수 있다고 지적하였다(송륜진, 2011).

따라서 다문화 교육을 실천하는 데에는 교사의 역할이 매우 중요하다. 교사는 다양한 문화 체계를 깊이 이해하고, 하나의 문화적 틀 안에 있는 지식 및 가치체계를 다른 문화적 틀에 비추어 해석할 수 있는 능력을 갖추고 있어야 하며 두 문화 사이에 존재하는 차이를 연결할 수 있는 능력을 갖추어야 한다. 뿐만 아니라 교사는 교실에 존재하는 다양한 문화적 차이를 중재하는 문화적 중재자로서 학생과 진실한 대화를 이끌어 내고 유지할 수 있는 태도와 능력이 준비되어 있어야 한다. 이러한 측면에서 교사의 다문화적 역량이 무엇인지 고찰해보고 문화적으로 적절한 수업을 실천하기 위해 요구되는 교사의 역량을 점검해 볼 필요가 있다. 다양한 배경의 학생들이 공존하는 교수·학습 상황에서 교사들이 높은 효능감을 가지고 있을 때 학생들에게 효과적인 교육을 제공할 수 있고 이러한 능력은 학생들의 성공적인 학습에 매우 중요한 요인으로 작용한다.

위의 내용을 살펴볼 때, 효과적인 다문화 교육을 위해서는 다문화 독서 지도와 연계하는 것이 매우 중요하다. 다문화 독서 지도는 기존의 다문화 교육과 독서지도 방법을 준용하되, 글로벌 시대의 행복한 미래 사회를 위해 다문화 도서를 읽고 다문화 시대의 핵심 가치를 탐구하는 독서활동이 되어야 하겠다. 다문화사회는 점점 가속화 될 것이며 우리 다음 세대는 다문화 사회라는 데 이의가 없다. 그리고 다문화 교육의 필요성을 모두 인식하고 있으며 학교나 사회에서 다문화에 대한 교육을 강화하고 있다.

이상의 논의와 최근의 다문화 교육 경향을 보면서 세 가지 측면에서 다문화 교육의 방법을 제시해 보고자 한다. 먼저 다문화 교육의 대상 문제이다. 다문화 교육은 다문화 가정에 국한되어서는 안 된다. 물론 다양한 다문화 가정을 이해하고 그들의 언어와 문화를 존중하는 교육이 필요하다. 그러나 진정한 다문화 교육은 다문화를 이해하는 주류 집단의 교육이 전제가 되어야 한다. 주류 사회의 다수자가 소수자의 다문화를 이해하고 포용할 때 다문화 가정은 존중받고 온전하게 모두가 행복한 사회를 만들어 갈 수 있을 것이다.

둘째, 다문화 교육의 효과적인 방법은 바로 다문화 교육의 내용에 있다. 주류 사회가 어떻게 다문화 가정을 이해할 수 있을 것인가? 연구자마다 다양한 의견이 존재하지만 현장의 교사들은 교실 경험을 바탕으로 효과적인 다문화 이해를 위해 '인권, 관용, 평화, 상호협력, 문화교류, 세계시민' 등 여섯 가지 주제어를 추출하였다. 앞서 언급한 대로 이 여섯 가지 주제어 학습과 독서활동을 통해 다문화와 비다문화 가정 모두 이해할 수 있는 것이 진정한 다문화 교육이라 하겠다.

셋째, 다문화 교육의 효과적인 방법은 독서를 통한 다문화 교육이 되어야 한다는 것이다. 학교와 사회에서 다양한 방법으로 다문화를 교육하고 있지만 단편적인 수혜 제공이나 실적 중심 다문화교육은 지속 가능하지 못하며 진정으로 하나 된 다문화 사회를 형성하기 어렵다. 다문화 독서가 이러한 한계를 극복하고 연속적인 교류와 따뜻한 다문화교육을 연중 지속 가능하게 할 수 있다.

요약하면, 다문화 독서 지도는 해당 다문화 가정에 대한 교육도 중요하지만 먼저 주류 사회 다수자의 다문화 이해 교육이 필요하며, 다문화 가정을 제대로 이해하기 위해 '인권, 관용, 평화, 상호협력, 문화교류, 세계시민' 등 여섯 가지 주제어를 통한 교육이 필요하고, 그 교육 방법으로 연중 지속 가능한 독서교육을 통해 다문화를 지도하면 효과적이라는 것이다. 이러한 다문화 독서 지도의 방법을 재미있고 유익하게 구현하여 다문화 교실에서도 모두가 행복하게 자신의 미래를 준비할 수 있도록 디자인해 보았다. 다문화를 이해하는 방법을 대상 도서를 읽고 요리하듯이 대상 도서를 맛보고, 즐기고, 나누는 과정으로 제시해 보았다.

1. 맛있게 읽는 다문화 독서

① 다문화 독서요리 방법

프란시스 베이컨은 '독서는 완전한 인간을 만들고, 토론은 부드러운 인간을 만들며, 논술은 정확한 인간을 만든다' 고 했다. 책은 읽는 사람에게 균형 감각을 가질 수 있도록 해주며, 책을 읽고 서로 이야기를 나누는 과정에서 다른 사람을 배려할 줄 아는 따스함을 지닐 수 있도록 해준다. 또한 책을 읽은 후 논리적으로 자신의 생각을 표현하기 위해서는 정확한 지식이 있어야 함을 시사하는 명언이다. 즉, 책을 읽는 사람은 그 자체로 참된 벗과 친절한 충고자를 만나게 되며, 유쾌한 반려자와 충실한 위안자의 결핍을 느끼지 않게 되는 것이다.

이 책은 다문화 관련 주제를 추출하고 관련 도서를 매개로 하여 다문화 교육을 어떻게 독서지도를 통해 행복하게 지도할 수 없을까 고민한 결과를 맛있는 요리와 접목시켜 디자인해 보았다. 다문화 독서요리는 다문화 관련 주제를 담고 있는 책을 읽고, 다양한 독서활동을 하면서 자연스레 다문화를 이해하고 모두가 행복한 다문화 시대를 준비하도록 크게 3단계로 디자인하였다.

먼저, 다문화 도서를 들여다보는 〈무엇을 먹을까요?〉이다. 이 단계에서는 다문화 핵심 주제 관련 이야기를 나누고 대상 도서를 제시하는 단계이다. 이 〈무엇을 먹을까요?〉 단계를 통해 다문화의 핵심 주제를 이해하고 목적을 가지고 대상 도서를 살펴볼 수 있다.

두 번째는 〈맛있게 읽어요〉 단계이다. 이제 다문화의 주제를 알고 대상

도서를 읽었으니 그 대상 도서를 요리하듯이 재미있고 맛있게 이해하는 단계이다. 두 번째는 다시 5단계를 거쳐 맛있게 요리된다.

제1단계 '미리 맛보기'는 마음을 여는 단계이다. 대상 도서가 어떤 맛인지 살짝 맛보는 단계이다. 도서의 내용과 관련된 읽을거리를 읽고, 자신의 경험 또는 배경지식을 묻는 문제 등을 해결하게 된다. 이런 문제를 해결하다 보면 다문화와 대상 도서에 대한 호기심이 커지고, 다문화에 대해 좀 더 폭넓은 시야도 갖게 된다.

제2단계 '차근차근 맛보기'는 내용을 이해하는 단계이다. 대상 도서의 내용을 중심으로 발문을 생성하고 도서를 꼼꼼히 읽었는지, 다문화에 대해 제대로 이해했는지를 확인한다. 이 과정을 통해 읽은 내용을 잘 정리하여 글로 표현할 줄 알고, 도서를 정독하는 습관을 갖게 되며, 책 읽기에 대한 흥미가 높아짐으로써 집중력이 길러진다.

제3단계 '다양한 맛 즐기기'는 내용을 넓고 깊게 생각하는 단계이다. 대상 도서와 다문화 주제를 좀 더 심화 확장하여 이해하는 활동을 하게 된다. 즉, 도서의 내용을 바탕으로 상상이나 추론, 분석을 할 수 있는 발문을 해결하게 된다. 이러한 발문을 해결함으로써 글의 내용을 단순히 이해하는 단계를 뛰어 넘어 깊은 창의적 사고력을 갖출 수 있다.

제4단계 '함께 맛 나누기'는 독서토론 단계이다. 책을 읽고 다문화 관련 주제를 추출하여 토의와 토론하는 활동으로 진행된다. 한쪽 입장을 선택하여 다양한 근거를 설정하거나, 문제점에 대한 해결 방안 및 대안을 마련하는 과정을 통해 비판력과 창의적 문제 해결력 그리고 공동체성을 기를 수 있다. 이 함께 맛 나누기 독서토론 활동을 통해 다문화에 대한 다양한 현실 문제에 대해 토론하며 다문화를 훨씬 잘 이해하게 될 것이다.

제5단계 '쓱싹 쓱싹 요리해요'는 재미있는 독서 글쓰기 단계이다. 독서 토의나 토론 내용을 바탕으로 다문화 글쓰기를 하는 시간을 갖는다. 먼저 개요표를 작성한 후 타당한 근거를 들어 글쓰기를 하다보면 자신의 생각을 논리적으로 차근차근 표현하는 능력을 키울 수 있다. 따라서 이 과정을 통해 표현력과 논리적 사고력을 기를 수 있고 다문화 관련 글쓰기에 대한 자신감도 얻게 된다.

마지막 세 번째는 〈후식을 즐겨요〉 단계이다. 그동안 맛있게 요리한 다문화 독서요리를 일상생활에 적용하는 단계인 것이다. 책을 읽고 여러 활동을 하느라 힘이 들기도 했지만, 한 단계씩 해결하면서 보람과 즐거움도 느꼈을 것이다. 후식을 즐기는 가벼운 마음으로 행복한 다문화를 경험하고 적용해 보기 바란다. 다문화 관련 이야기를 나눌 수도 있고, 다문화 관련 매체를 소개할 수도 있다. 행복한 다문화 이야기를 후식으로 맛있게 나눌 수 있기를 바란다.

미리 맛보기　　마음을 열어요

완득이와 동주 선생님이 살고 있는 동네는 어떤 모습일까요?

　　안녕, 난 완득이야. 내가 살고 있는 우리 동네를 소개해 줄게. 이미 알다시피 우리 집은 그리 부유하지 않아. 아니, 가난하지. 아버지가 내 교육을 위해서 서울에서만은 꼭 살아야 한다기에 우리 가족은 달동네 옥탑방으로 이사를 오게 되었어. 그런데 왜 하필 옆집에 그렇게 나를 괴롭히는 똥주가 살고 있는건지…… 앞으로 교회에 더 열심히 다녀야겠다는 생각을 했지. 그래야 하느님이 내 기도를 들어줄테니까. 그날 이후로 똥주는 필요한 것이 있음 건너편 옥탑방에서 날 소리쳐 부르곤 했어. 워낙에 집들이 붙어 있어서 앞집 아저씨가 시끄럽다며 화를 내곤 했지만 똥주는 개의치 않더군. 처음엔 그런 똥주가 귀찮고 싫었는데 먼 친척보다 가까운 이웃이 더 낫다는 말이 있듯이 우리는 점점 서로를 이해하고 좋아하게 되었지. 지금 생각해 보니 똥주는 그렇게 나쁜 사람은 아닌 것 같아.

1-1) 평소 다문화에 대해 어떻게 생각하였나요?

▶ 아직까지 먼 미래의 일로 생각하는 학생들이 많다. 그러나 이미 우리나라는 다문화 사회로 진입했고 점차 강화될 것이다. 글로벌 시대에 걸맞게 우리도 주변에 우리와 피부 색깔이 다르고 언어가 다른 학생들을 만날 때 그들을 우리와 동일하게 대할 수 있도록 우리의 생각을 바꿀 필요가 있다.

1-2) 자신이 겪은 다문화 이야기를 나누어 보자.

▶ 자기 학습에 다문화 학생이 있을 수 있다. 그들에게 나는 평소 어떻게 대했는지 이야기를 나누어보자. 또 우리 사회에서 다문화 가정들이 어떻게 생활하고 있는지 생각해보고 그들과 잘 지낼 수 있는 방안에 대해서도 이야기를 나누어보자.

2-1) 여러분의 꿈은 무엇인가요? 자신이 그리는 미래의 모습은 어떠한가요? 그리고 그러한 꿈을 이루기 위해 어떤 노력을 하고 있는지 소개해 봅시다.

▶ 완득이가 킥복싱을 배우게 되면서 미래에 대한 꿈을 꾸는 것처럼 미래에 갖고 싶은 직업이나 하고 싶은 일, 희망하는 미래의 생활 모습 등을 다양하게 소개한다. 왜 그런 생각을 하게 되었는지도 함께 소개한다. 그러한 미래의 모습이 이루어질 수 있도록 어떤 준비를 하고 있는지도 소개한다.

2-2) 여러분의 학교는 어떤 곳인가요? 앞에서 말한 미래를 위해 준비하는 곳인가요?

▶ 학교는 대학을 가기 위해 지식을 배우는 곳이라는 생각이나 학교에서 다양한 방면을 배우면서 자신의 특기나 적성을 찾아가는 과정이라는 생각, 꿈을 이루기 위해 자신을 단련하는 곳이라는 생각 등 다양한 생각을 소개한다.

1) 아버지는 완득이가 커서 무엇이 되길 바라셨나요? 왜 그런 꿈을 꾸게 되었는
지 완득이의 어린 시절과 연관하여 설명하세요.

▶ 완득이 아버지는 완득이가 커서 소설가가 되길 바라신다. 자신처럼 다른 사
람들에게 멸시 받지 않는 버젓한 직업을 갖길 바라시는 것이다. 아버지의 완
득이의 글솜씨에 대해 오해는 완득이가 유치원을 다니던 시절로 거슬러 올
라간다. 완득이가 유치원을 다니던 시절 「우리 유치원」이라는 노래와 「울면
안돼」라는 노래를 섞어 불렀는데 원장선생님이 학부모 면담에서 완득이가
깜찍 기발하다고 칭찬해 줬다. 이에 아버지는 완득이가 글쓰기에 재능이 있
다고 생각하여 소설가가 되길 바라신다.

2-1) 완득이 엄마가 집을 나가신 이유는 무엇인가요? 당시 두 살인 완득이를
두고 집을 나가는 엄마의 심정은 어땠을까요?

▶ 베트남사람인 어머니는 난쟁이이긴 하지만 듬직한 완득이 아버지를 만나 행
복한 가정을 꾸려 가고 싶었다. 하지만 남편의 직업은 카바레 춤꾼이었고 난
쟁이인 남편을 다른 여자들이 만지고 어린 아이 대하듯 하는 것을 더 이상
참을 수 없어 집을 나가게 되었다. 당시 어렸던 완득이가 너무 눈에 밟혔지
만 이국인인 자신이 키우는 것보다 한국인인 남편이 키우는 것이 완득이에
게 더 나을 것 이라는 판단 아래 눈물을 지으며 완득이를 두고 집을 나가게
된 것이다. 아직 핏덩어리인 어린 완득이를 두고 집을 나가는 엄마의 마음은
찢어질 듯 아팠을 것이다. 계속 완득이를 걱정하며 찾으려 했지만 완득이 아
버지가 연락을 끊고 이사를 가버려서 완득이를 찾지 못한다.

2-2) 완득이 아버지가 엄마를 붙잡지 않고 보내준 이유는 무엇인가요?

▶ 카바레 숙소 사람들이 자신의 아내를 자기들 뒷일이나 해주는 다른 나라에서 팔려 온 하녀 취급하는 것이 싫었기 때문이다. 자신의 아내가 카바레 춤꾼에 난쟁이인 자신과 함께 살게 되면 계속 그러한 취급을 받게 될 것이라고 생각하여 아내를 붙잡지 않고 보내준 것이다.

2-3) 완득이는 어릴 때 헤어진 엄마를 어떻게 다시 만나게 되었나요?

▶ 완득이 담임 동주선생님은 일과 후에 불법체류 노동자들을 도와주는 일을 하게 되는데 그 과정에서 베트남 사람인 완득이 엄마를 알게 된다. 동주 선생님이 완득이에게 엄마를 찾았다고 알려주나 완득이가 엄마를 만나겠다고 하지 않아 엄마에게 직접 완득이네 집이 어디인지 알려준다.

1. 완득이는 소문난 싸움꾼이었습니다. 완득이는 왜 싸움을 해야 했나요? 만일 내가 그 상황이라면 어떻게 했을까요?

　▶ 완득이는 공부 못하고 반항적인 기질이 많은 아이였으나 아무하고나 싸움질을 하고 다니는 문제아는 아니었다. 그저 자신의 아버지를 난쟁이라 놀리고 무시하거나 그런 이유로 자신을 놀리는 사람들과 싸우다보니 싸움꾼이라는 별명이 붙은 것이다. 만일 내가 완득이와 같은 상황이었다면 부모님을 놀리고 무시하는 사람들을 가만히 두고 보지는 못할 것 같다.

2-1) 완득이는 킥복싱을 배우지 말라는 아버지와 갈등을 하게 됩니다. 그 갈등은 어떻게 해소되나요?

　▶ 완득이 아버지는 완득이가 공부 열심히 해서 대학을 간 다음 소설가가 되길 바라신다. 자신은 몸이 성치 못해서 아무리 노력해도 성공하지 못했지만 본인의 아들은 남들이 무시하지 못하는 번듯한 직업을 갖길 바라시는 것이다. 다시 만난 완득이 어머니와 동주선생님의 설득으로 아버지는 완득이를 이해하고 인정해 주기로 한다. 아들이 자신이 춤꾼으로 살았던 삶을 인정해 준 것처럼 자신도 아들의 꿈을 인정해 주기로 한 것이다.

2-2) 완득이와 같이 사랑하는 가족들과 갈등을 겪었던 경험이 있나요?

　▶ 부모님의 기대가 높아 그 기대를 채우기 힘든 경우, 다른 형제, 자매와 차별을 한다고 생각하여 부모님과 싸운 경우, 이성문제, 성적 등의 이유로 부모님께 혼난 경우, 부모님이 원하는 직업과 내가 하고 싶은 일이 다른 경우 등 다양한 견해 차이로 갈등할 수 있다.

함께 맛 나누기 〈찬반 주제 토론〉

1. 우리 학교에 원어민 선생님이 부임하실 때, 백인과 흑인 선생님 중 한 분을 선택할 수 있다면 어떤 분을 모시고 싶은가요?

   ▶ 백인을 모시고 싶다.

      – 더 잘 가르칠 것 같다.

      – 선진국에서 오신 분이니까

      – 그냥

   ▶ 흑인 선생님을 모시고 싶다.

      – 불쌍해 보여서

      – 친절하다.

      – 부담 없이 대할 수 있다.

2. 다문화 가정이 우리 사회에 적응하는 과정으로 용광로 이론, 비빔밥 이론, 모자이크 이론, 샐러드볼 이론이 있는데 이에 대한 여러분의 생각은 어떤가요?

   ▶ 용광로 이론을 지지한다.

      – 함께 하나가 되는 것이 중요하기 때문이다.

   ▶ 비빔밥 이론을 지지한다.

      – 함께 어울리되, 각 민족의 특징을 지니는 것이 좋다.

   ▶ 모자이크 이론을 지지한다.

      – 각 민족의 특징을 살릴 수 있기 때문이다.

   ▶ 샐러드볼 이론을 지지한다.

      – 조화로운 통합이 가능하기 때문이다.

※ 글 〈가〉를 읽고 완득이가 당면한 문제 상황을 알아본 후, 완득이의 문제 해결
방식의 문제점을 〈나〉를 참고하여 비판적으로 논술해 보세요.

글 〈가〉

"니 어머님, 베트남 분이더라?"

"네?"

"아버님이 말 안 해?"

어머니라……. 아버지는 어머니에 대해 한 번도 말한 적없고, 나도 물은 적 없다. 그런데 똥주가 어머니 이야기를 한다. 그것도 베트남 사람이란다.

"네가 아버지 안 닮았다고 했더니 좋아하시더라. 많이 걱정했나 봐."

"저 어머니 없는데요."

"있어, 새끼야, 전부터 느낀 건데, 니네 집 가계도는 뭐가 그렇게 정직하냐. 구성원 하나하나가 참……."

하나님. 이번 중 안으로 똥주 꼭 죽여줘야 합니다. 안 그러면 교회 폭파시킵니다.

"등본에도 없는 어머니가 갑자기 어디서 튀어나와요. 장난하세요?"

"여어, 이 새끼 제법 묵직한 돌대가릴세. 십오 년 전에 등본에서만 빠졌어, 새끼야. 호적등본에는 그대로 있고. 너 호적등본 모르냐? 네 부모님 이혼한 것도 아니야. 그냥 십오년 동안 따로 산 것뿐이야. 니 어머님, 그 옛날에 뗀 호적등본을 아직까지 가지고 계시더라."

"호, 호적등본요?"

"그래, 새끼야. 그때는 한국 남자하고 결혼만 하면 자동으로 국적이 취득됐거든. 니 어머님, 호적등본에 니 어머니하고 한국 이름으로 떡 등재돼 있어, 새끼야."

아, 씨발, 나는 베트남 말 하나도 모르는데, 한번도 안 불러봐서 어머니라고 말 할 줄 모르는데, 똥주 이 인간은 자꾸 헛소리만 해대고…….

"만나볼래?"

"내가 누군 줄 알고 만나요. 그동안 나도 몰랐던 사람을 선생님이 어떻게 알고 어머니래요? 나한테 왜 그러세요!"

〈완득이 / 41~43〉

글 <나>

역사적으로 볼 때 명성이나 권력이 모든 사람들에게 평등하게 분배된 정의로운 사회는 그리 많지 않았다. 재산과 명성, 그리고 권력은 상호 유착하려는 경향이 있다. 그러므로 우리는 이러한 가치들이 일부 사람들에게 부당하게 쏠리는 것을 경계해야 한다. 이것들의 불공정한 분배가 사회적 갈등의 중요한 원인이 되기 때문이다.

가치 갈등에도 개인과 사회를 변화시키는 긍정적인 요소가 전혀 없는 것은 아니다. 우리가 고통스럽고 투쟁적인 갈등을 지혜롭게 해결하고 조화를 이룰 때에 우리 사회는 발전할 수 있다. 물론, 모든 갈등이 쉽게 제거될 수 있는 것은 아니지만, 인간 사이의 일이므로 노력하면 극복할 수 있다는 신념과 인내심을 가지고 최선의 방법을 찾아보면 해결의 실마리를 찾을 수 있을 것이다. 우리는 갈등의 극복을 어느 한 쪽의 승리와 다른 한 쪽의 패배라고 생각하기 쉽다. 그러나 모두가 이길 수 있는 방법으로 갈등을 해결할 수 있는 길은 무엇인지 생각해 보아야겠다.

〈도덕 3, Ⅰ-2 인간의 삶과 가치 갈등, (1) 인간과 가치 갈등〉

글 〈가〉에 드러난 완득이가 당면한 문제

▶ 완득이는 담임 선생님으로 인해 그동안 없는 사람이라고 생각해 왔던 어머니라는 존재를 찾게 된다. 2살 때 헤어졌던 어머니는 한국 사람이 아닌 베트남 사람이라는 것이다. 장애를 가진 아버지와 힘들게 지내는 완득이에게 사회적 약자인 외국인 어머니가 있다는 사실은 받아들이기 힘든 사실이다. 아버지가 한 번도 어머니에 대해 이야기 하신 적이 없었는데 담임 선생님이라는 사람이 갑자기 어머니의 존재를 알려주니 혼란스러워 한다. 어머니를 만나겠느냐는 담임 선생님의 질문에 선뜻 그러겠노라고 하지 못하고 자신의 어머니라는 증거가 어디 있느냐며 거절한다.

완득이의 문제 해결 방식에서 보이는 문제점

▶ 완득이는 평소 공부도 안하고 꿈도 없다. 자기를 위해서 어머니도 찾아주고 신경 써 주시는 담임선생님의 마음도 헤아리지 못하고 자신을 괴롭힌다고만 생각하여 똥주를 죽여달라는 기도를 매주 한다. 청소년기는 민감한 시기이고 자기 중심적인 사고를 하는 시기이기 때문에 갑작스럽게 나타난 엄마, 게다가 나타난 엄마가 한국인이 아니라 베트남 사람이라는 사실이 완득이를 힘들게 한다는 것을 이해하지만 완득이는 이렇게 닥친 현실을 극복하려는 어떠한 노력의 모습도 보이지 않는다. 자신의 상황에 대한 불평 불만만 할 뿐 문제를 해결하려고 노력하지 않는 완득이와 같은 사람은 고된 역경 속에서 살아남기 힘들다.

독서논술문 개요 작성

대상 도서 완득이

제목 청소년기에 겪는 고난과 역경

문단	구상순서		개 요	구성
1	4	도입	청소년기는 질풍노도의 시기이다. 그만큼 쉽게 충동적인 행동을 하거나 불안해하고 자기 존재에 대한 고민으로 인해 감정 기복이 심한 시기라고 할 수 있다.	서론
	1	주제 제시	청소년기에 겪는 고난과 역경을 어떻게 극복할 수 있을까?	
2	2		**글 〈가〉에 드러난 완득이가 당면한 문제** 완득이는 담임 선생님으로 인해 그동안 없는 사람이라고 생각해 왔던 어머니라는 존재를 찾게 된다. 2살 때 헤어졌던 어머니는 한국 사람이 아닌 베트남 사람이라는 것이다. 장애를 가진 아버지와 힘들게 지내는 완득이에게 사회적 약자인 외국인 어머니가 있다는 사실은 받아들이기 힘든 사실이다. 아버지가 한 번도 어머니에 대해 이야기 하신 적이 없었는데 담임 선생님이라는 사람이 갑자기 어머니의 존재를 알려주니 혼란스러워 한다. 어머니를 만나겠느냐는 담임 선생님의 질문에 선뜻 그러겠노라고 하지 못하고 자신의 어머니라는 증거가 어디 있느냐며 거절한다.	본론 I
	5		예시나 근거(기타 도서 또는 자료 등 활용)	
3	3		**완득이의 문제 해결 방식에서 보이는 문제점** 완득이는 평소 공부도 안하고 꿈도 없다. 자기를 위해서 어머니도 찾아주고 신경 써 주시는 담임선생님의 마음도 헤아리지 못하고 자신을 괴롭힌다고만 생각하여 똥주를 죽여달라는 기도를 매주 한다. 청소년기는 민감한 시기이고 자기 중심적인 사고를 하는 시기이기 때문에 갑작스럽게 나타난 엄마. 게다가 나타난 엄마가 한국인이 아니라 베트남 사람이라는 사실이 완득이를 힘들게 한다는 것을 이해하지만 완득이는 이렇게 닥친 현실을 극복하려는 어떠한 노력의 모습도 보이지 않는다. 자신의 상황에 대한 불평 불만만 할 뿐 문제를 해결하려고 노력하지 않는 완득이와 같은 사람은 고된 역경 속에서 살아남기 힘들다.	본론 II
	6		예시나 근거(기타 도서 또는 자료 등 활용)	
4	7	주장의 요약	청소년기는 자기의 현실을 극복하기 위한 노력이 필요하다. 자기 삶에 닥친 문제를 해결하기 위한 극적인 자세가 필요하다.	결론
	8	강조, 제언 및 전망	완득이가 꿈을 찾고 어머니를 인정하는 모습과 같이 청소년기에 닥친 갑작스러운 시련이나 고통을 극복하기 위해 노력해야 한다.	

청소년기에 겪는 고난과 역경의 극복 방법

청소년기는 질풍노도의 시기이다. 그만큼 쉽게 충동적인 행동을 하거나 불안해 하고 자기 존재에 대한 고민으로 인해 감정 기복이 심한 시기라고 할 수 있다. 이러한 청소년기에 겪는 고난과 역경을 어떻게 극복할 수 있을까?

완득이는 담임 선생님으로 인해 그동안 없는 사람이라고 생각해 왔던 어머니라는 존재를 찾게 된다. 2살 때 헤어졌던 어머니는 한국 사람이 아닌 베트남 사람이라는 것이다. 장애를 가진 아버지와 힘들게 지내는 완득이에게 사회적 약자인 외국인 어머니가 있다는 사실은 받아들이기 힘든 사실이다. 아버지가 한 번도 어머니에 대해 이야기 하신 적이 없었는데 담임 선생님이라는 사람이 갑자기 어머니의 존재를 알려주니 혼란스러워 한다. 어머니를 만나겠느냐는 담임 선생님의 질문에 선뜻 그러겠노라고 하지 못하고 자신의 어머니라는 증거가 어디 있느냐며 거절한다.

완득이는 평소 공부도 안하고 꿈도 없다. 자기를 위해서 어머니도 찾아주고 신경 써 주시는 담임선생님의 마음도 헤아리지 못하고 자신을 괴롭힌다고만 생각하여 똥주를 죽여달라는 기도를 하기 위해 매주 교회를 간다. 청소년기는 민감한 시기이고 자기 중심적인 사고를 하는 시기이기 때문에 갑작스럽게 나타난 엄마, 게다가 나타난 엄마가 한국인이 아니라 베트남 사람이라는 사실이 완득이를 힘들게 한다는 것을 이해하지만 완득이는 이렇게 닥친 현실을 극복하려는 어떠한 노력의 모습도 보이지 않는다. 자신의 상황에 대한 불평 불만만 할 뿐 문제를 해결하려고 노력하지 않는 완득이와 같은 사람은 고된 역경 속에서 살아남기 힘들다. 완득이와 같이 대부분의 청소년들도 자신이 처한 상황에 대한 불편 불만만 늘어 놓을 뿐 그 상황을 극복하려는 노력을 게을리 한다. 이러한 경우 상황이 더 좋아질 수가 없다.

청소년기는 자기의 현실을 극복하기 위한 노력이 필요하다. 자기 삶에 닥친 문제를 해결하기 위한 극적인 자세가 필요하다. 완득이가 꿈을 찾고 어머니를 인정하는 모습과 같이 청소년기에 닥친 갑작스러운 시련이나 고통을 극복하기 위해 노력해야 한다.

2. 주제별 다문화 독서 지도

우리 사회는 사실상 다문화사회로 변해가고 있다. 그리고 향후 그 전이 속도 또한 점차 빨라질 것이다. 따라서 민족이나 인종, 종교, 계층, 성적 지향성 등 여러 차원에서 날로 증대되고 있는 문화 및 정체성의 다양성을 공적으로 인정하고 통합함으로써 상호 이해와 배려, 협력과 공존의 사회문화적 풍토를 형성하고 평화적이고 조화로운 사회를 구성하려는 노력을 지속해야 한다. 결국 문제의 핵심은 특정 사회의 다문화적 상황에 적합한 제도 및 사회문화적 관행을 어떻게 정착시킬 것인가이다. 이는 곧 한 사회가 점차 이질적이고 다양해지는 문화적 배경과 정체성을 지닌 사회 구성원과 어떠한 방식으로 상호 협력 체제를 구축하고 어떠한 모습의 사회를 함께 설계해 나갈 것인지에 대한 비전과 선택의 문제로 귀결된다(차윤경 외, 2012).

사회적으로 인성교육의 필요성과 중요성이 강조되면서 건전하고 올바른 인성을 갖춘 시민 육성을 목적으로 한 인성교육진흥법[3]이 2014년 12월 제정되었다. 인성교육진흥법에서 말하는 인성교육의 핵심 가치와 덕목이란 인성교육의 목표가 되는 것으로 예(禮), 효(孝), 정직, 책임, 존중, 배려, 소통, 협동 등의 마음가짐이나 사람됨과 관련되는 핵심적인 가치 또는 덕목을 말한다. 그리고 핵심 역량이란 핵심 가치와 덕목을 적극적이고 능동적으로 실천 또는 실행하는 데 필요한 지식과 공감ㆍ소통하는 의사소통 능력이나 갈등해결 능력 등이 통합된 능력을 말한다.

---

3) 이 법은 「대한민국헌법」에 따른 인간으로서의 존엄과 가치를 보장하고 「교육기본법」에 따른 교육이념을 바탕으로 건전하고 올바른 인성(人性)을 갖춘 국민을 육성하여 국가사회의 발전에 이바지함을 목적으로 한다.

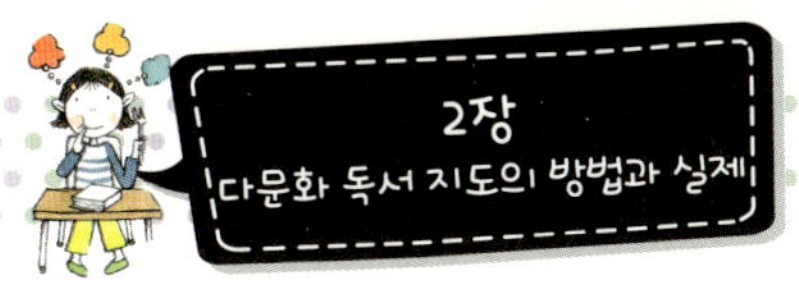

　그렇다면 다문화교육의 핵심 가치와 덕목에는 어떠한 것들이 있을까? 다문화교육의 선구적인 학자인 뱅크스(1993)는 '다문화교육은 교육철학이자 교육개혁으로 교육기관의 구조를 바꾸어 학생들에게 평등한 교육 기회를 제공하는 것이 중요한 목표'라고 정의하였다. 여기서 교육기관의 구조는 건물 등의 물리적인 구조가 아니라 사람들의 인식의 구조를 의미한다. 즉, 사람들의 인식의 구조를 변화시키기 위해서는 교육과정 개혁을 통한 종합적인 학교 개혁이 필요하다는 것이다.

　한편, 골릭과 친(Gollnick & Chinn, 2009)은 '다문화교육은 교육에 평등성과 다양성을 포함시킨 개념'이라고 규정하며 평등교육을 강조하였다. 여기에서 평등성이란 모든 학생이 그들이 속한 집단에 상관없이 동등한 혜택을 보장받는 것을 의미한다고 설명한다. 또한 베넷(Bennett, 2011)은 다문화교육의 개념을 평등교육, 교육과정 개혁, 다문화적 능력, 사회 정의를 향한 교육의 네 가지 구성 요소로 설명한다. 그리고 차윤경·함승환(2012)은 다문화사회의 비전 설정과 관련된 핵심 가치와 사회문화적 원리를 '인권, 개인성, 사회정의, 민주주의'라고 밝힌 바 있다.

　다문화교육 학자들의 주장에 근거한다면, 다문화사회를 이해하기 위한 다문화 독서 지도의 핵심 가치에는 어떠한 것들이 포함되어야 할까? 다문화 독서 지도의 목표는 독서를 통해 다문화적 역량(Cross-Cultural Competency)을 강화하는 데 있다고 할 수 있다. 다문화적 역량이란 문화적 차이를 가진 타자를 이해하고 공감하는 능력을 일컫는다. 오늘날 세계화와 더불어 다문화사회로의 진전이 가속화하고 있는 상황에서, 정체성을 찾고 문화적 차이를 유연하게 받아들일 수 있는 열린 감수성과 다른 문화에 대한 관용적 자세를 포괄하는 다문화적 감성과 역량은 매우 중요하다. 이는 새로운 다문화환경에서 강조될 수 있는 시민적 자질이자 조직전문가의 중요한 역량 중 한 요소라고 볼 수 있다. 이와 같은 다문화적 역량을 강화하기 위해서는 〈표 2-4〉에서 제시한 바와 같이 인권, 관용, 평화, 상호협력, 문화교류, 세계시민 의식 등 6가지 영역을 우선적으로 지도할 필요가 있다.

요약하면 효과적인 다문화 교육을 위해 다문화 독서 지도가 필요하며, 앞서 언급한 6가지 주제어를 통해 다문화적 역량을 강화할 수 있다. 이에 먼저 6가지 주제어의 개념과 선정된 도서를 소개하고, 주제별 다문화 독서 지도의 방법에 대해 살펴보고자 한다.

<표 2-4> 다문화 독서 지도의 핵심 역량

<표 2-5> 다문화 독서 지도 핵심 역량별 선정 도서

핵심 역량		선정 도서
인권	초등	1. 나랑 달라도 사랑해 2. 국경을 넘어야 하나요?
	중등	1. 청소년 인권 학교 2. 마틴 루터 킹, 인권 운동의 희망
평화	초등	1. 자유의 노래 2. 커피 우유와 소보로 빵
	중등	1. 평화, 당연하지 않은 이야기 2. 간디, 강을 거슬러 오르다
관용	초등	1. 젓가락 달인 2. 벌집이 너무 좁아!
	중등	1. 기억 전달자 2. 하퍼리 앵무새 죽이기
상호협력	초등	1. 너랑 짝꿍하기 싫어 2. 이웃의 이웃에는 누가 살지?
	중등	1. 친구가 되어 주실래요? 2. 페스트
문화교류	초등	1. 우리 동네 마릴리 아줌마 2. 함께 사는 다문화 왜 중요할까요?
	중등	1. 이슬람 정육점 2. 내 이름은 망고
세계시민	초등	1. 지구가 100명의 마을이라면 2. 지구촌 곳곳에 너의 손길이 필요해
	중등	1. 왜 세계의 절반은 굶주리는가? 2. 십대를 위한 세계화 이야기

1 인권 교육 다문화 독서 지도

(1) 인권 교육

인권이란 사람이 개인 또는 나라의 구성원으로서 마땅히 누리고 행사하는 기본적인 자유와 권리를 말한다. 즉, 인권은 사람을 존중하는 정신을 바탕으로 개개인의 주체적 권리를 제도화한 것이다. 인권에 관한 관념과 제도는 근대 시민혁명을 계기로 하여 정립되었다. 인간과 시민을 권리의 주체인 인격으로 인정하여 모든 인간의 이름으로 인권을 선언, 제도화한 것은 근대 시민사회에서 이룩한 위대한 진보라고 할 수 있다.

1948년 12월 제3차 국제연합총회에서 채택된 〈세계 인권 선언〉은 개인의 자유와 권리를 상세히 명시하면서 인권과 기본적 자유가 모든 사람과 모든 장소에서 똑같이 적용된다는 사실을 세계 최초로 인정한 선언이다. 선포될 당시 58개 전체 회원국이 각자 처해 있는 서로 다른 경제 발전 수준과 다양한 이데올로기, 정치 체제, 종교·문화적 배경을 뛰어넘어 세계의 주요 법체계와 종교적이고 철학적인 전통에 내재된 보편적 가치를 담아내고자 노력하였다. 오늘날 이 선언은 세계적으로 약 250여 개의 언어로 번역되어 가장 많이 인용되는 인권 문서로 인정되고 있다. 또한 국제 인권법의 토대로서 수많은 국제 조약과 국제 선언의 전범이 되고 있을 뿐만 아니라, 그 이념과 내용이 수많은 국가의 헌법과 법률에 반영되어 있다. 이 선언이 발표된 이후 60여 개가 넘는 국제 인권 규범이 제정되기도 하였다.

인권은 어느 시대, 어느 사회에서 사람으로서나 나라의 구성원으로서나 누리고 행사해야 할 자유와 권리를 말하는 것이기 때문에 시대와 사회가 변동하

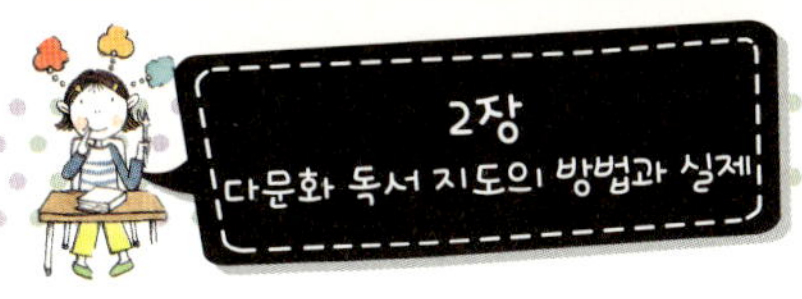

여 새로운 문제가 제기될 때마다 그 내용이 추가되고 변하기도 한다. 특히 인권의 범위와 내용의 재설정은 새로운 소수자들의 출현과 관계가 깊다. 소수자란 한자어 그대로 '수가 적은 사람(少數者)'이라고 생각할 수 있지만 여기서 '소수'는 단순히 많고 적음의 양의 개념으로만 이해해서는 안 된다. 소수자란 다수가 갖는 지배적인 위치가 아닌 소수가 갖는 약자의 위치에 있는 사람을 말하기 때문이다. 이와 같이 차별받는 존재로서의 집합적 인식을 갖게 된 소수자들은 인류 역사에서 새로운 인권의 영역을 요구하고 스스로 개척하는 주체들이 되고는 하였다. 사회적 소수자들이 자신들이 처한 억압적이고 차별적인 상황을 개선하고자 노력하는 가운데 인권에 대한 새로운 담론이 형성되고 기존에는 인권의 영역에 포함되지 않았던 권리가 점차 인권의 영역에 새롭게 포함되게 된 것이다. 노동자, 여성, 장애인이 만들어낸 인권의 역사를 통해 이를 확언할 수 있다. 소수자의 출현에 따라 범위가 확장되어 온 인권의 역사는 다른 한편으로는 사회적 조건과 상황에 따라 소수자의 존재가 계속 변화해 왔음을 보여주기도 한다(구정화 외, 2010).

다문화 사회로의 변화 역시 새로운 소수자의 출현을 목격하게 한다. 사회 구성원들의 인종, 민족적 동질성이 비교적 강했던 사회가 다문화적인 사회로 변화되어갈 때, 대부분의 사회들이 소수 인종 및 민족과 관련된 문제들에 직면하게 된다. 이는 새로 유입된 이질적인 인종, 민족 집단들이 기존 사회의 불평등한 처우에 적극적으로 대응하는 과정에서 발생하는 경우들이 많다. 한국의 경우도 1990년대 후반 이후 외국인 근로자 유입 및 국제결혼의 규모가 커지면서 새로운 사회 구성원으로서 이들이 직면한 어려움들이 사회 문제로 제기되었다. 특히 외국인 근로자들이 산업현장에서 겪는 비인간적인 대우, 국적 및 피부색에 따른 사회적 편견과 차별, 결혼이주여성과 그 자녀들이 겪는 편견과 어려움 등에 대한 문제 제기는 한국에서도 인종 및 민족과 관련된 문제가 인권과 관련하여 중요한 사회적 의제로 등장하는 계기가 되었다. "단일민족 국가"라는 신화 속에서 인종 및 민족과 관련된 갈등을 다른 나라의 일로만 여겼던 때와는 다른 상황에 직면하게 된 것이다. 이처럼 다문화 사회로의 변화에 따른 새로운 소수자의 출현은 우리에게 그동안 다른 사회의 문제로만 간과해왔던 새로운 인권 문제에 대한 관심을 환기시키고 있다. 그러므로 다문화 사회에 있어 인권 교육이 추구해야 할 방향은 인종과 민족적 소수자에 대한 차별과 편견을 경계하고, 인간의 다양성과 보편적 인권의 존중이라는 것을 기억해야 할 것이다.

(2) 인권 교육을 위한 선정 도서

❶ 초등

1. 나랑 달라도 사랑해

관련 핵심역량

의사소통 역량, 심미적 감성 역량, 공동체 역량

미쉘 도프렌 글·그림 / 양진희 옮김 / 교학사

어떻게 읽을까요?

1. 인권에 대하여 관심을 가지며 읽어요.

2. 서로 특징이 다른 동물들 사이에서 어떤 일이 벌어지는지 생각하며 읽어요.

3. 다른 사람의 인권을 존중해 나가기 위해서 어떤 노력을 할 수 있는지 생각하며 읽어요.

어떤 내용일까요?

이루미는 닭장 식구들 가운데 가장 재미있고, 재주 많은 암탉입니다. 이루미는 파란 오리와 하얀 수탉 힘찬이, 귀여운 병아리 아롱이와 함께 즐거운 모험을 하며 살았습니다. 하지만 이루미와 힘찬이, 아롱이는 남들과 다른 모습 때문에 손가락질과 따돌림을 당합니다. 그렇지만 포기하지 않고 불평등과 차별에 맞서 꿋꿋하게 나아갑니다.

2. 국경을 넘어야 하나요?

관련 핵심역량

자료 정보 활용 역량, 공동체 역량,
심미적 감성역량, 문제해결능력,
도덕적 사고능력

타마르 베레트–제하비 · 로니 로젠틀 글 / 실비아 카비브 그림 /
초록개구리

어떻게 읽을까요?

1. 국경을 넘어야 하는 상황을 이해하며 읽어요.
2. 아프리카 북부 지역의 문화에 대해 살펴보며 읽어요.
3. 난민들이 보호받지 못하는 인권에 대해 생각해 보며 읽어요.

어떤 내용일까요?

　아프리카 북동쪽에 사는 물루와 차가이는 10살짜리 쌍둥이입니다. 어느 날 밤 옆마을이 폭격당해 불에 타는 것을 보고 물루와 차카이 가족은 할아버지댁으로 피합니다. 얼마 안 있어 엄마는 물루와 차가이에게 단둘이 국경을 넘어 다른 나라에 살고 있는 삼촌 댁으로 가야 한다는 말을 듣습니다. 쌍둥이는 부모님과 떨어지기 싫었지만 엄마 말을 따를 수밖에 없음을 압니다. 주술사 할머니에게서 용기의 물약을 받아 먹고 위험할 때와 부모님이 그리울 때를 대비하여 작은 뼈와 돌, 씨앗을 받습니다. 단, 이 모든 물건을 한 번만 쓸 수 있으니 신중하게 써야 한다는 당부를 듣습니다. 닷새 넘게 걸으면서 맹수들도 만나고 국경의 군인들도 만났지만 아이들은 서로에게 의지하여 침착하게 위기를 넘긴 후 국경을 넘습니다. 여러 사람의 도움으로 드디어 난민촌에 도착합니다. 난민촌 생활을 하다가 삼촌과 연락이 닿은 물루와 차가이는 삼촌댁에 오게 되고, 부모님이 그리워 주술사 할머니가 주신 씨앗을 가슴에 올려놓고 잠이 듭니다.

❷ 중등

1. 청소년 인권 학교

관련 핵심역량

공동체 역량, 심미적 감성역량,
도덕적 사고능력

홍세화 외 / 철수와 영희 / 인권연대 기획

어떻게 읽을까요?

1. 〈차이〉와 〈차별〉을 생각하며 읽어요.
2. 인권이란 언제 생겨났으며, 어디까지 범위인가를 생각하며 읽어요.
3. 내가 주위에서 실천할 수 있는 인권은 무엇일까? 생각하며 읽어요.

어떤 내용일까요?

1. 생각과 인권 – 내 생각 속에 있는 차별의식, 지배 세력들이 밀어 넣은 가치관 등을
   성찰해 보고, 점검해 보아야 합니다.
2. 역사와 인권 – '인권'이야말로 우리가 기억해야 하고, 인류가 역사적으로 성취한 가
   장 중요한 기억입니다.
3. 글쓰기와 인권 – 글쓰기란 자아를 성찰하는 것이며, 그리고 주변의 이웃과 교감하
   는 것입니다. 이웃과 교감할 때 나만의 시각으로 글을 써야 합니다.
4. 철학과 인권 – 철학의 관점에서 인간이란 '자성'과 '대타성'이라는 존재이유를 갖고 있
   습니다. 우리가 타자와의 관계를 설정할 때 중요한 것은 '자유'와 '쾌감'이 필요합니다.
5. 공부와 인권 – '인권'이란 개인의 권리가 아니라, 사회를 구성하는 구성원들의 권리
   입니다.
6. 실천과 인권 – 인간은 강자에게서 약자를 보호하기 위하여 국가를 만들었습니다.
   국가는 인간의 권리를 보장해야 합니다. 이 권리란 누구에게나 적용되는 평등의 원
   칙이 적용됩니다.

관련 핵심역량

공동체 역량, 심미적 감성역량,
문제해결능력, 도덕적 사고능력

정지아 지음 / 이룸

어떻게 읽을까요?

1. 인권이란 무엇인가? 생각하며 읽어요.
2. 아프리카인들이었던 흑인들이 왜 미국에서 살게 되었을까를 생각하며 읽어요.
3. 비폭력 운동으로 무엇을 할 수 있을까? 생각하며 읽어요.

어떤 내용일까요?

미국의 흑인 인권운동가인 마틴 루터 킹은 부조리한 미국의 현실을 바로잡기 위해 미국 곳곳을 누빕니다. 당시에는 너무나도 당연하게 여겨지던 흑인차별을 없애기 위해 앞장서서투쟁을 전개합니다. 또한 실의와 좌절에 빠진 흑인들에게 희망과 용기와 자신감을 심어주었습니다. 흑인이라는 이유로 여러 모진 일을 겪었습니다. 감시와 도청, 투옥, 가족에 대한 협박, 심지어는 목숨을 잃어버릴 위험 속에서도 그의 가족과 함께 자신에게 주어진 일을 포기하지 않았습니다. 같은 흑인이었지만 투쟁노선을 놓고 갈등을 겪기도 했습니다. 그러나 그는 자신이 해야 할 일의 목표를 잃지 않았습니다. 또한 그 방법도 비폭력이어야 한다는 그의 생각을 포기하지 않았습니다. 그의 이런 생각은 전 미국을 울렸고, 세계의 양심있는 모든 이들을 감동하게 했습니다.

(3) 독서활동을 통한 인권 교육

인권이란 사람이 개인 또는 나라의 구성원으로서 마땅히 누리고 행사하는 기본적인 자유와 권리를 의미한다. 모든 인간은 태어날 때부터 자유로우며, 누구에게나 동등한 존엄성과 권리가 있다. 인간은 타고난 이성과 양심을 지니고 있으며, 형제애의 정신에 입각해서 서로 간에 행동해야 한다(세계인권선언, 제1조). 모든 사람에게는 인종, 피부색, 성별, 언어, 종교, 정치적 입장이나 여타의 견해, 국적이나 사회적 출신, 재산, 출생이나 여타의 신분과 같은 모든 유형의 차별로부터 벗어나서 보편적 권리와 자유를 누릴 자격이 있다. 특정한 개인이 속한 국가나 영토의 정치적 지위나 관할권상의 지위나 국제적 지위가 독립국이든, 신탁 통치 지역이든, 비자치 지역이든, 주권에 대한 여타의 제약을 받고 있든 상관없이, 그러한 지위에 근거하여 차별을 받아서도 안 된다.

또한 모든 사람은 법에 앞서 평등하며, 어떠한 차별도 없이 동등하게 법의 보호를 받을 권리를 가진다. 모든 사람은 이 선언을 위반한 모든 차별에 반대하고 그러한 차별을 선동하는 모든 행위에 맞서 싸우면서 동등한 보호를 받을 권리를 가진다. 성인 남녀에게는 인종이나 국적이나 종교에 따른 어떠한 제약에도 구애받지 않고 결혼하여 가정을 이룰 수 있도록 요구할 권리가 있으며, 의식주와 의료와 필요한 사회 복지를 포함하여 자신과 가족의 건강과 복지에 적합한 생활수준을 요구할 권리가 있다. 하지만 우리사회의 다양한 구성원들 중에는 이와 같은 보편적인 권리와 자유를 누리지 못하는 경우들도 있다.

『인권과 소수자 이야기』는 다민족·다문화 사회로 나아가는 이 시대 청소년들에게 소수자에 대한 인권문제를 알기 쉽게 설명한 책으로, 우리 사회에서 소수자들을 어떻게 대우하고 있는지, 앞으로 어떤 방향으로 올바르게 나아갈 수 있는지를 살피고 있다. 이주노동자, 화교, 혼혈인에 대한 차별적 시선뿐만 아니라 양심적 병역거부자, 성적소수자, 장애인들에게 대한 차별의식을 비판하며, 그들의 인권 역시 존중받아야 함을 시사하고 있다.

특히 근대적 차별의 핵심인 인종주의와 민족주의를 배제하고 다수자와 소수자가 어울려 살 수 있는 열린사회를 희망한다. 이렇듯 다문화 사회란 소수자들이 자기 문화를 골방에서 누릴 수 있도록 허가하는 것이 아니라 누구나 떳떳하게 자기 문화를 누릴 권리를 가지는 것이며, 나 역시 다수자이자 소수자일 수 있으며, 타인의 인권 존중이 결국 나의 인권을 지키는 것임을 지도할 필요가 있다.

『법과 인권 이야기』는 차별과 역사 속에서 발전한 법과 인권에 관한 이야기를 다룬 책이다. 떼려야 뗄 수 없는 법과 인권에 대한 몇몇 중요한 쟁점들을 사례 중심으로 대화하듯이 살피며, 인권이란 무엇이고, 인권을 잘 보장하기 위해 헌법이나 법이 어떻게 형성되고 운영되어 왔는지 서술하고 있다. 특히 주요 인권 가운데 평등권과 관련해 헌법과 법률은 어떤 역할을 하는지, 고전적 인권에서 현대적 인권으로 이어지는 인권 역사에서 법은 어떤 기능을 수행하는지를 알 수 있다. 즉, 이 책을 통해 인권 존중에 대한 기본적인 의식도 중요하지만, 사회에서 약자와 소수자의 인권을 보호하는 기관과 인권을 지키기 위한 수단으로써의 법률에 대해 학습할 수 있다.

2014년 노벨평화상 최연소 수상자 말랄라는 탈레반이 장악한 파키스탄에서 여자아이들의 교육받을 권리를 위해 목숨을 걸고 투쟁을 하였다. 『나는 말랄라』는 말랄라가 전하는 세상 모든 말랄라를 위한 메시지이다.

말랄라라는 이름의 파키스탄의 14세 소녀는 어느 날 학교에서 돌아오는 버스 안에서 탈레반의 총탄에 맞는다. 말랄라가 세속주의에 앞장서고 친서구화가 되어가기에 탈레반은 테러를 가격하였다고 하였다. 모든 어린이가 교육을 받게 해달라는 그녀의 작은 소망이 짓밟힌 것이다. 말랄라는 자기 슬로건을 건 '내 이름은 말라라'를 가지고 여성인권운동가로서 삶을 시작하게 되었고, 모든 소년, 소녀들이 교육을 받아야 한다고 천명하는 청원을 하였다. 그녀의 용기 있는 행동으로 사회 부조리와 여성 차별에 저항하기 위해 직접 행동하고 조직을 만들어 운동을 펼치는 어린 소녀들이 증가하였고, 세계인은 말랄라의 목소리에 더욱 귀를 기울이게 되었다.

천부인권이라는 말은 하늘이 사람에게 평등하게 부여한 권리라는 의미이다. 인종이나 종교, 성별 등에 따라 존비를 논할 수 없다. 다문화사회에 있어 세상 모든 사람이 인간으로서, 인간답게 살기위한 권리의 중요성과 그 권리와 자유를 보장받고 누릴 수 있도록 서로 존중해주어야 한다는 점을 인권 교육을 통하여 다시금 상기시킬 필요가 있다.

둥글둥글 지구촌 인권이야기

신재일 저 | 풀빛

인권이란 인간이라면 누구나 누려야 할 기본적인 권리를 말한다. 하지만 인권이 당연한 것으로 받아들여진 것은 그리 오래전이 아니다. 사람들이 인권에 대해 다시 생각하게 된 것은 무서운 전쟁과 끔찍한 학살을 겪고 나서부터이다. 인권을 이해하기 위해서는 민주주의를 알아야 하고 민주주의를 이해하기 위해서는 과거와 현재의 사회 구조를 알아야 한다.

이 책은 민주주의가 탄생하기 이전 사람들의 생활을 살펴보고, 민주주의가 탄생하기까지의 과정, 그리고 그 이후 인권의 발달 과정을 살피고 있다. 또한 인권을 지키기 위한 각종 단체의 노력과 현대 사회에서 야기되고 있는 여러 가지 인권 문제에 대해 생각하게 한다.

○ 인간이 행복하기 위해서 꼭 필요한 것은 무엇일까?

인권

○ 인권의 의미는 무엇일까?

인간이라면 누구나 누릴 수 있는 권리

○ 인권은 어디에서 왔을까?

오늘날 우리가 자신의 권리를 주장하고 내 의견을 내세울 수 있었던 것은 모두 옛날 인권을 찾기 위해 노력한 누군가의 희생이 있었기 때문이다. 민주주의의 역사는 인권의 역사라고 말할 수 있다.

○ 나의 인권은 누가 지켜줄까?

인권은 누구에게나 공평한 것이다. 인권은 서로 지켜주어야 한다.

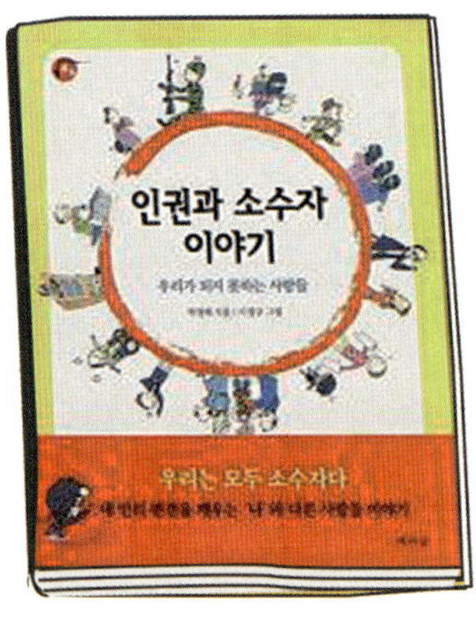

인권과 소수자 이야기

박경태 저 | 책세상

저자는 사회적 약자로 장애인, 노인, 여성, 빈민, 이주노동자, 국제결혼과 혼혈아, 화교, 양심적 병역거부자, 성적 소수자 등을 소수집단으로 간주하며, '우리'가 되지 못하는 그들의 현실을 바로 보게 함으로써 우리의 진정한 일부로 받아들이는 성숙한 시민 의식을 요구한다.

다문화 사회란 소수자들이 자기 문화를 골방에서 누릴 수 있도록 허가하는 것이 아니라 누구나 떳떳하게 자기 문화를 누릴 권리를 가지는 것이라고 날카롭게 충고한다. 그리고 근대적 차별의 핵심인 인종주의와 민족주의를 배제하고 다수자와 소수자가 어울려 살 수 있는 사회를 예상해보며 열린사회로 가기 위한 첫걸음을 내딛도록 도와준다.

○ 우리 사회에 다수자는 누구인가?

> 다수자는 없다. 우리 모두는 다수자이며 동시에 소수자이다.

○ 양심적 병역 거부와 국방의 의무에 대한 자신의 의견은?

○ 양심적 병역거부에 대해 찬성한다.

○ 양심적 병역거부에 대해 반대한다.

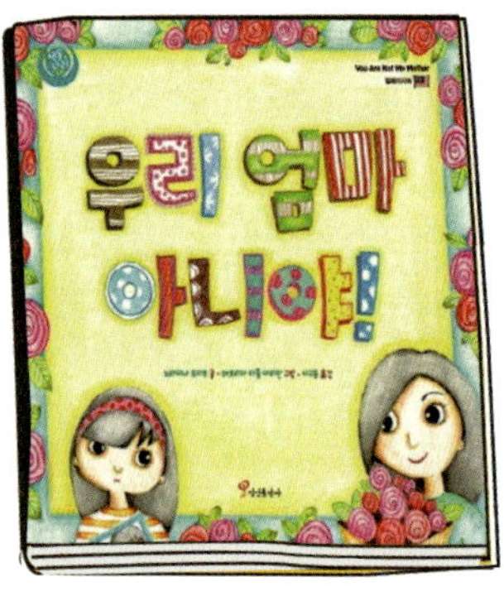

우리 엄마 아니야!

노라미나 오마르 글 |
쉐르리자 타줄 아리핀 그림 | 이구용 옮김 |
정인출판사

아줌마가 우리 엄마는 아니에요.
하지만, 아줌마를 사랑해요.

사피아는 4살에 엄마를 잃고 전혀 다른 삶을 경험합니다. 어느날 아빠가 수 아줌마를 가족들에게 소개하면서 변화가 일어납니다. 사피아는 어떤 반응을 보였을까요? 아빠가 재혼을 결심했을 때 어떤 일이 일어났을까요? 사피아는 과연 수 아줌마를 엄마로 받아들이게 될까요? 주인공 사피아가 생활 속에서 만나게 되는 특별한 상황을 통해 우리의 정서와 감정의 변화가 어떻게 일어나는지를 어린이와 어른 모두에게 다시금 되새기게 해주는 그림책입니다.

◌ 어떤 것이 궁금하나요?

- 사피아의 아빠가 수 아줌마를 가족들에게 소개하면서 일어난 변화는 무엇인가?
- 주인공 사피아가 생활 속에서 만나게 되는 특별한 상황은 무엇인가?

◌ 토론하고 싶은 내용이 있나요?

- 내가 주인공 사피아라면 어떻게 행동할까요?
- (부모님의 재혼, 동생의 출생 등) 새로운 가족을 받아들이게 될 때, 우리는 어떤 점에 유의해야 할까요?

파란하늘

러브 안드레아 페트릭 글·그림 |
이구용 옮김 | 정인출판사

어린이의 가장 순수한 소망을 유화풍의 매력적인 그림으로 그린 책

이 책에서 '나'는 세상의 모든 어린이를 대신하여 자신이 누구인지, 무엇을 원하는지 이야기합니다. 어린이는 자라면서 소망과는 다른 현실에 부딪히고 좌절할 지도 모릅니다. 하지만 그런 세상이 정말 올바른 곳일까요? 어린이가 행복할 수 있는 세상이야말로 사실은 가장 좋은 세상이 아닐까요? 이 책의 지은 이 안드레아는 폭력, 편견, 전쟁, 굶주림, 슬픔, 외로 움이 없고 사랑과 기쁨으로 가득한 세상을 만드는 데 도움이 되고 싶어 그림을 그리기 시작했다고 합니다.

◎ 어떤 것이 궁금하나요?

- 우리 주위에 부모님을 잃은 친구들이 있나요?
- 나를 사랑하고 아끼는 가족에게 감사의 마음을 전해보세요.

◎ 토론하고 싶은 내용이 있나요?

보육원에 있는 아이들이나 친구들을 위해 나는 어떤 일을 할 수 있을까요?

2 관용 교육 다문화 독서 지도

(1) 관용 교육

관용의 사전적 의미는 남의 잘못을 너그럽게 받아들이거나 용서한다는 의미를 담고 있다. 즉, 타인의 생각이나 행동을 인정하고 받아들이는 자세를 말한다. 관용의 정신은 항상 자기의 생각에 한계가 있음을 자각하여 타인의 생각에 대해 마음의 문을 열어 놓는 것이며, 타인과의 공존을 인정하고 다른 사람의 의견을 수용하는 능동적이고 개방적인 자세를 말한다. 관용은 민주주의의 다양성의 전제이며 소수자들이 어떠한 탄압이나 소외 없이 더불어 살아가는 것을 보장하는 데 있어 중요한 요소이다.

매년 11월 16일은 유네스코 창설 기념일이자, 세계 관용의 날(International Day of Tolerance)이다. 세계 관용의 날은 제2차 세계대전 종전 50주년, 유엔 창설 50주년, 유네스코 헌장 채택 50주년을 맞던 1995년 11월 16일 제28차 총회에서 제정되었다. 당시 총회에서 '관용의 원칙에 관한 선언'을 채택하고, 이 날을 '세계 관용의 날'로 정한 것이다.

관용의 원칙에 관한 선언 제1조에서는 관용의 의미를 우리 세계의 문화와 우리의 표현 형태, 인간 존재의 방식 등의 풍부한 다양성에 대한 존중이며, 수용이며, 이해라고 밝히고 있다. 그것은 지식, 개방성, 커뮤니케이션, 사상과 양심과 신념의 자유에 의해 증진된다. 관용은 차이 속의 조화이며, 도덕적 의무일 뿐만 아니라 정치적, 법적 필요조건이다.

평화를 가능하게 하는 덕목인 관용은 전쟁의 문화를 평화의 문화로 바꾸는 데 이바지한다. 관용은 무엇보다도 다른 이의 보편적 인권과 기본적 자

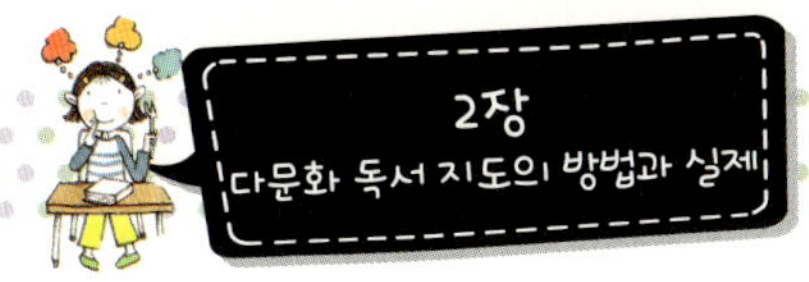

유를 인정하는 적극적인 태도이며, 어떠한 상황에서도 이러한 기본적 가치를 침해하는 것을 정당화하는 데 이용될 수 없다. 인권의 존중과 일치하는 관용의 실천은 사회의 불의를 용인한다든지 자기의 확신을 포기 또는 약화시키는 것을 뜻하는 것이 아니다. 그것은 한 사람이 자유로이 자기 자신의 확신을 고수하고 다른 사람이 그들의 확신을 고수하는 것을 인정하는 것을 뜻한다. 그것은 원래 용모, 상황, 언사, 행위, 가치 등에서 다양한 인류가 평화롭게 지금 그대로 살아갈 권리를 지니고 있다는 사실을 받아들임을 뜻한다. 그것은 또한 한 사람의 견해가 다른 사람에게 강요되어서는 안 된다는 것을 뜻한다.

최근 한국 사회는 외국인 근로자의 유입과 국제결혼의 증가, 북한 이탈 주민들의 유입 등으로 인해 다원주의 사회로 급격하게 변모해 가고 있으며, 이로 인해 다원주의 사회의 기초 덕목 중 하나인 관용의 필요성이 더욱 요청되고 있다. 이렇듯 한국 사회의 구성원은 점점 다양하게 증가하고 있음에도 불구하고 대부분의 사회구성원의 의식은 아직도 단일민족 국가라는 의식 수준에 머물러 편견과 차별의 문제가 발생하고 있다. 한국사회는 자유민주주의와 다원주의 사회를 지향한다. 그것을 가능하게 하려면 관용의 가치가 올바르게 인식되고, 무엇보다 사회 구성원들에 의해 실천되어야 한다.

관용은 우리 사회에 존재하는 이주민들만을 대상으로 실현되어야 하는 것은 아니다. 관용은 우리들 개개인 모두에게 적용되어야 하는 덕목이기도 하다. 개인들이 만나는 갈등과 충돌을 편견 없이 해소하기 위한 필수 전제가 바로 관용인 것이다. 하지만 일부는 관용은 강자의 윤리라는 인식 또한 강하다. 이것은 관용을 권력의 우위에 있는 자가 약자에 대해 일방적으로 베푸는 '자비' 정도의 개념으로 이해하는 것이다. 그러나 이러한 견해는 관용에 대한 가장 위험한 발상이다. 왜냐하면 관용을 강자가 일방적으로 베푸는 덕목이라고 이해하는 순간, 관용은 더 이상 관용이 아니기 때문이다. 이 부분이 우리가 관용 교육을 할 때 매우 조심해야 할 부분 중에 하나이다. 예를 들어, 같은 반에 있는 외국인 근로자의 자녀에 대해 관용할 것을 가르치는 과정에서 그 아이가 다른 아이들에 비해 한국 사회에서 가진 것이 적은 약자임을 내세워 더 돌봐주어야 한다는 식의 교육이 진행된다면 그것은 이미 관용 교육이 아니다. 따라서 관용이란 덕목을 교육하기에 앞서 상대를 나와 동등한 입장에서 이해하는 것이 진정한 관용의 출발점이라는 것을 인식해야 한다.

교육은 불관용을 예방하는 가장 효율적인 수단이다. 관용 교육의 첫 단계는 인간들이 공유하고 있는 권리와 자유가 무엇인지를 가르치는 것이며, 그래서 그러한 권리와 자유가 존중받도록 하고 다른 이의 권리와 자유를 보호할 의지도 키운다. 관용을 위한 교육은 바로 문화적, 사회적, 경제적, 정치적, 종교적 불관용의 근원 즉, 폭력과 배제의 주요 뿌리를 다룰 체계적이고 합리적인 관용교육의 방법을 신장시킨다.

제1조 관용의 의미

관용은 소중한 원칙일 뿐만 아니라 평화와 모든 국민들의 경제적, 사회적 향상을 위한 필요조건이기에 우리는 우리 사회에서 관용을 신장시키기 위해 필요한 모든 적극적인 조치를 취할 것을 결의하면서, 이를 위해 다음과 같이 선언한다.

1.1 관용이란 우리 세계의 문화와 우리의 표현 형태, 인간 존재의 방식 등의 풍부한 다양성에 대한 존중이며, 수용이며, 이해이다. 그것은 지식, 개방성, 커뮤니케이션, 사상과 양심과 신념의 자유에 의해 증진된다. 관용은 차이 속의 조화이다. 그것은 도덕적 의무일 뿐만 아니라 정치적, 법적 필요조건이다. 평화를 가능하게 하는 덕목인 관용은 전쟁의 문화를 평화의 문화로 바꾸는 데 이바지한다.

1.2 관용은 양보나 겸손이나 은혜가 아니다. 관용은 무엇보다도 다른 이의 보편적 인권과 기본적 자유를 인정하는 적극적 태도이다. 관용은 어떠한 상황에서도 이러한 기본적 가치를 침해하는 것을 정당화하는 데 이용될 수 없다. 관용은 개인, 집단, 국가에 의해 행사되어야 한다.

1.3 관용은 인권, 다원주의 (문화적 다원주의를 포함), 민주주의, 법의 지배를 지지하는 책임감이다. 그것은 독단주의와 절대주의에 대한 거부를 뜻하며 각종 국제적 인권문서들이 정해 놓은 기준을 확인하는 것이다.

1.4 인권의 존중과 일치하는 관용의 실천은 사회의 불의를 용인한다든지 자기의 확신을 포기 또는 약화시키는 것을 뜻하는 것이 아니다. 그것은 한 사람이 자유로이 자기 자신의 확신을 고수하고 다른 사람이 그들의 확신을 고수하는 것을 인정하는 것을 뜻한다. 그것은 원래 용모, 상황, 언사, 행위, 가치 등에서 다양한 인류가 평화롭게 지금 그대로 살아갈 권리를 지니고 있다는 사실을 받아들임을 뜻한다. 그것은 또한 한 사람의 견해가 다른 사람에게 강요되어서는 안된다는 것을 뜻한다.

유네스코 〈관용의 원칙에 관한 선언(1995)〉일부 발췌

(2) 관용 교육을 위한 선정 도서

❶ 초등

1. 젓가락 달인

관련 핵심역량

의사소통역량, 공동체 역량

젓가락 달인 / 유타루 글 / 김윤주 그림 / 바람의 아이들 / 2014

어떻게 읽을까요?

1. 다문화 가정에 대한 관용이 어떤 것인지 생각하며 읽어요.
2. 세대 차이에 대한 관용이 어떤 것인지 생각하며 읽어요.
3. 진정한 달인은 어떤 사람이어야 하는지에 대해 생각해 보며 읽어요.

어떤 내용일까요?

우봉이네 반에서는 삼십 초 안에 쇠젓가락으로 콩을 열 개 이상 옮겨야 하는 '젓가락 달인 대회'가 열립니다. 처음에는 대회에 관심이 없었지만 달인이 되어 상품권을 받으면 딱지를 사서 딱지 대장이 될 수도 있다는 생각에 더욱 열심히 하기로 합니다.

마침 우봉이네 집에 와 계신 할아버지는 특유의 냄새와 끔찍한 틀니 때문에 가까이하기 싫었지만 능숙한 젓가락질을 보고 배우면서 가까워지게 됩니다.

우봉이네 반 주은이는 아빠가 김해 김씨이고 엄마가 라오스 사람인 다문화 가정인 친구입니다. 주은이가 젓가락 달인이 되고 싶어 하는 이유는 손으로 밥을 먹는 엄마께 젓가락을 사 드리고, 자기는 예쁜 머리핀을 사고 싶어서입니다. 우봉이는 우연히 그 사실을 알게 됩니다. 우봉이는 할아버지와 이야기를 나누면서 다른 문화에 대해 이해하고 존중하는 마음이 필요하다는 것을 배웁니다.

우봉이가 친구들을 이기고 달인이 되겠다며 욕심을 부리자 할아버지는 동무들 이길 생각일랑 말고 달인만 되라는 말을 해줍니다. 그리고 우봉이와 주은이가 결승전에 올라가고, 우봉이는 자꾸만 맴도는 할아버지 말씀에 갈등합니다.

2. 벌집이 너무 좋아!

관련 핵심역량

심미적 감성 역량, 의사소통 역량, 공동체 역량

안드레스 피 안드레우 글 / 킴 아마테 그림 / 고래이야기

어떻게 읽을까요?

1. 더불어 살아가는 데 있어 관용이 얼마나 중요한 것인지 생각하며 읽어요.
2. 꿀벌들의 이야기를 통해 관용의 태도와 마음에 대해 되돌아보아요.
3. 생활 속에서 관용을 실천하기 위해 어떤 노력을 할 수 있는지 다시 생각하며 읽어요.

어떤 내용일까요?

벌집이 시끌벅적, 그야말로 벌집을 쑤셔 놓은 것 같습니다. 꿀벌 한 마리가 아무도 모르게 들어와 자리를 차지했기 때문입니다. 여러 가지 걱정과 좁아진 공간 때문에 꿀벌들은 화가 났습니다. 꿀벌들은 조사단을 꾸려 침입자를 찾기 시작합니다. 그 벌을 도대체 어떻게 찾아낼 수 있을까? 또 그 벌을 찾으면 과연 어떻게 해야 할까?

1. 기억 전달자

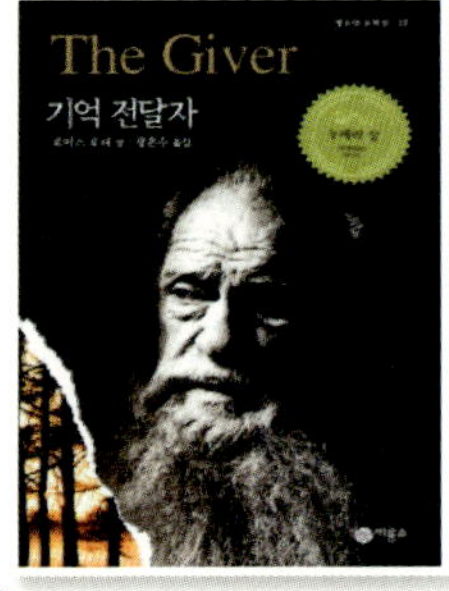

관련 핵심역량

심미적 감성 역량, 의사소통 역량, 공동체 역량

로이스 로우리 글 / 비룡소

어떻게 읽을까요?

1. 공동체를 이루어 살아갈 때 관용이 얼마나 중요한지 생각하며 읽어요.
2. 개성을 억압하는 마을 이야기를 통해 관용의 태도와 마음에 대해 되돌아보아요.
3. 생활 속에서 관용을 실천하기 위해 어떤 노력을 할 수 있는지 다시 생각하며 읽어요.

어떤 내용일까요?

공동체 생활을 하는 가공의 마을이 배경이다. 마을에는 원로위원회가 있어 모든 사람의 삶을 관장한다. 삶은 24시간 일거수일투족이 위원회에 의해 감시되고 통제된다. 삶은 '늘 같음 상태'를 유지하기 때문에 사람들은 모두 같다. 색깔도 없고 음악도 없고 과거에 대한 기억도 없다. 지금 여기 현실의 삶에 대한 제한된 자신만의 경험만이 있을 뿐이다. 그러나 외관상 차별, 분쟁이 없다. 사랑, 연민, 슬픔, 외로움, 고통에 대한 자극이 없는 대신 늘 한결같은 평화로움을 누린다.

주인공인 조너스는 지식보유자의 후계자로 뽑혀 전임 지식보유자에게서 교육을 받게 된다. 지식전달자는 옛날 인류의 기억들을 하나하나 전수한다. 이 과정에서 조너스는 자신이 속한 공동체가 비인간적이라고 느낀다. 특히 임무해제가 안락사의 다른 표현임을 알고 절망한다. 조너스는 탈출하자고 제안을 하지만, 지식전달자는 거부한다. 지식보유자가 없어지면 마을 사람들이 기억을 되찾아 혼란에 빠지게 되기 때문이다. 조너스는 공동체의 변화를 꾀하려 탈출계획을 실행에 옮긴다. 그는 새롭게 자기 집에 배당된 아기 가브리엘과 함께 탈출한다.

2. 하퍼 리 앵무새 죽이기

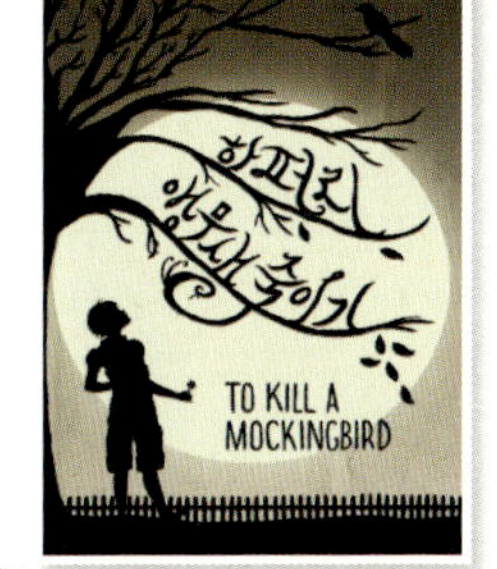

관련 핵심역량

자기관리 역량, 심미적 감성 역량, 의사소통 역량,
공동체 역량

하퍼 리 글 / 열린책들

어떻게 읽을까요?

1. 내가 해티커스 변호사라고 상상하며 읽어 보아요.
2. 피부색에 따른 편견을 극복하기 위해 무엇이 필요한지 생각하며 읽어요.
3. 누가 가장 관용을 잘 실천한 인물인지 생각하며 읽어 보아요.

어떤 내용일까요?

　미국 대공황 시절, 앨라배마 주 메이콤에서 벌어지는 이야기다. 화자는 여섯 살 먹은 스카웃 핀치다. 주인공은 오빠 젬 그리고 아내와 사별한 변호사 아버지 해티커스와 함께 살아간다. 젬과 스카웃 그리고 친구 딜은 자주 어울린다. 이 작품은 미국에서 인종차별이 가장 심했던 주 가운데 하나인 남부 앨라배마 주에서 실제로 있었던 일을 토대로 젊은 백인 여성을 성폭행했다는 누명을 쓴 흑인 청년을 백인 변호사가 법정에서 변호하는 이야기를 담고 있다. 소설 속 화자인 6살 소녀 스카웃의 눈으로 작품의 핵심이 되는 사건을 관찰하며 1930년대 대공황의 여파로 피폐해진 미국의 모습과 사회계층 간, 인종 간의 첨예한 대립을 그리고 있다.

　억울한 누명을 썼지만 단지 흑인이라는 이유로 유죄가 되는 미국 남부 사회 어른들의 편견에 대한 비판과 타자와의 대화 가능성을 아이의 순수한 눈을 통해 감동적으로 그려내며 정의와 양심, 용기와 신념이 무엇인지, 더 나아가 사회로 하여금 스스로를 돌아볼 기회를 제공한다.

(3) 독서활동을 통한 관용 교육

관용이란 타인의 생각이나 행동을 인정하고 받아들이는 자세를 말한다. 관용은 인권, 문화적 다원주의, 민주주의, 법의 지배를 지지하는 책임감을 내포한다. 그것은 독단주의와 절대주의에 대한 거부를 뜻한다. 국가 수준에서의 관용은 공정하고 불편부당한 입법, 법 시행, 사법 및 행정 과정을 필요로 한다. 그것은 또한 경제적, 사회적 기회가 어떠한 차별도 없이 각 사람에게 골고루 주어져야 함을 요구한다. 배제와 소외는 좌절과 적대와 광기를 유발할 수 있기 때문이다.

더욱 관용적인 사회를 이룩하기 위해서 국가는 기존의 국제인권협약들을 비준해야 하며, 필요할 경우 사회 내부의 모든 집단과 개인에 대한 대우와 기회의 형평을 보장하기 위하여 필요한 새로운 법률을 기초해야 한다. 개인, 공동체, 국가가 인류 가족의 다문화적 성격을 수용하고 존중하는 것은 국제적인 조화를 꾀하는 데 반드시 필요한 일이다. 관용 없이 평화가 있을 수 없으며, 평화 없이 발전이나 민주주의가 있을 수 없다.

관용은 개인들 사이에서 그리고 가족과 공동체의 차원에서 필요하다. 관용의 증진과 개방적 태도의 형성, 상호 귀 기울임과 연대가 학교와 대학에서 일어나야 하고, 비공식교육을 통하여 가정과 일터에서 행해져야 한다. 커뮤니케이션 매체는 자유롭고 개방적인 대화와 논의를 용의하게 하고, 관용의 가치를 전파하며, 불관용적인 집단과 이데올로기의 등장에 대한 무관심의 위험을 부각시키는 데 있어서 건설적인 역할을 담당할 수 있는 위치에 있다.

'인종과 인종적 편견에 관한 유네스코 선언'에서 단언하였듯이 개인과 집

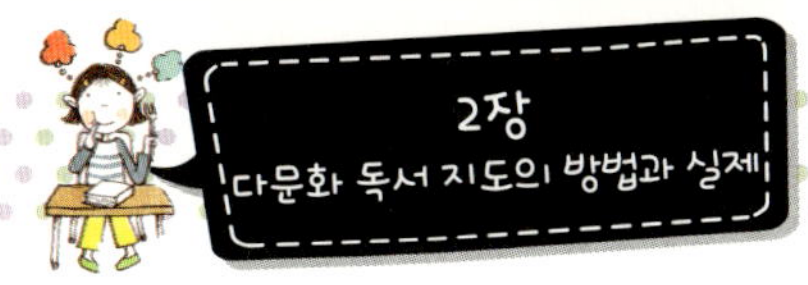

단의 존엄성과 권리에 있어서 평등을 보장하기 위하여 필요하다면 어느 곳에서라도 조치가 취해져야 한다. 이러한 점에서 사회적으로나 경제적으로 특권이 없는 취약집단에 대해, 특히 주거, 고용, 보건과 관련하여 법의 보호와 시행중인 사회적 조치들을 제공하고, 그들의 문화와 가치의 참다움을 존중하고, 특히 교육을 통하여 그들의 사회적, 직업적 향상과 통합을 용이하게 하기 위해 그들에게 각별한 주의를 기울여야 한다.

앞서 살핀 바와 같이 교육은 불관용을 예방하는 가장 효율적인 수단이다. 관용 교육의 첫 단계는 인간들이 공유하고 있는 권리와 자유가 무엇인지를 가르치는 것이며, 그러한 권리와 자유가 존중받도록 하고 다른 이의 권리와 자유를 보호할 의지도 키워야 한다.

관용 교육은 타인에 대한 공포와 배척을 유발하는 영향력을 저지하는 것을 목표로 해야 하며, 청소년으로 하여금 독자적인 판단과 비판적인 사고, 윤리적 추론을 할 수 있는 능력을 키울 수 있도록 도와야 한다. 이것은 다른 문화에 개방적이며, 자유의 가치를 인정할 줄 알고, 인간의 존엄성과 차이를 존중하고, 갈등을 예방하거나 그것을 비폭력적 수단으로 해결할 줄 아는, 배려 깊고 책임 있는 시민을 교육하기 위한 것이다. 이를 위해 교사 훈련, 교과과정, 교재와 학과의 내용, 새로운 교육공학을 포함하는 그밖의 교육 자료 등을 개선하는 데 특별한 주의를 기울여야 한다.

그림책 『넌 누구야?』는 더불어 사는 세상에서 필요한 너그러움 혹은 아량이라고 말하는 '관용'의 필요성에 관한 그림책이다. 사람은 물론 동물, 사회, 국가들이 서로 서로 다르지만 함께 살아가는 세상살이 법을 그려내고 있다. 자칫 지루하거나 추상적일 수 있는 '차이', '편견' '다양성' '보편성'이라는 개념들을 재미난 비유로 설명하면서 아이들 특유의 생각과 표현을 수

채화만화로 잘 표현하였다.

　커가는 아이들은 자신도 모르게 편견을 가질 수 있습니다. 차이와 다양성을 모르면 편견도 아이와 함께 자랄 수밖에 없다는 것을 책은 설득력 있게 설명하고 있다. 너그럽지 못한 사람과 너그러운 사람의 다양한 상황과 모습들, 또 너그러울 수 있는 상황과 너그러울 수 없는 한계상황들, 다른 생각, 다른 처지에서 빚어진 실수나 잘못이라면 분노하기보다 참고 용서할 줄 아는 관용의 자세에 대해, 고리타분하지 않고 익살스럽고도 진지한 상황 묘사와 비유를 통해 아이들이 한번쯤 생각해 볼 수 있도록 돕고 있다. 주의 깊게 서로 잘 들어 주고, 물어 보고, 함께 어울린다면 '차이'를 극복할 수 있고, 비로소 '우리'라는 공통점을 가진 크고 작은 공동체를 이루며 살아갈 수 있다는 것을 책을 통해 배울 수 있다.

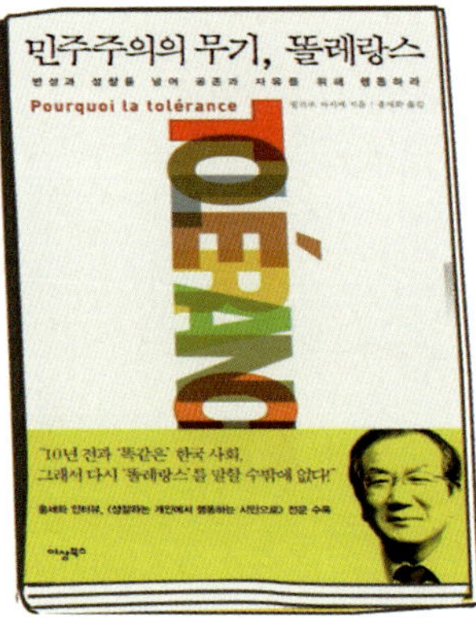

민주주의의 무기, 똘레랑스

필립 사시에 지음 | 홍세화 옮김 | 이상북스 |
2010

　현재 우리 사회에 결핍되어 있고, 우리가 반드시 획득해야 할 사회적 가치라고 강조하는 '똘레랑스'가 과연 무엇인지, 지난 5세기에 걸친 서양의 역사를 통해 되짚어보고 있다. 저자는 "참된 똘레랑스는 나의 자유를 인정할 뿐만 아니라 남의 자유를 인정하는 하나의 윤리이며, 각 개인이 보다 우월한 원칙을 위해 자신의 이해관계에 반하여 행동할 수 있게 하는 진정한 덕목"이라고 이야기한다.

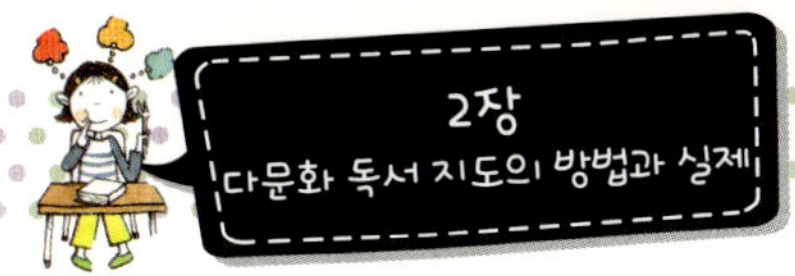

○ 똘레랑스의 의미는 무엇인가?

'참다, 견디다'라는 의미의 라틴어 'tolerare'에서 온 말

너그럽게 용서하고 용납하다

○ 앵똘레랑스의 의미는 무엇인가?

불관용, 너그럽지 못함

○ 참된 똘레랑스란 무엇을 말하는가?

저자 필리프 사시에는 "참된 똘레랑스는 나의 자유를 인정할 뿐만 아니라 남의 자유를 인정하는 하나의 윤리이며, 각 개인이 보다 우월한 원칙을 위해 자신의 이해관계에 반하여 행동할 수 있게 하는 진정한 덕목"이라고 말한다.

희망의 사회 윤리 똘레랑스

저자 하승우 | 책세상

오늘날 우리 사회에서 경제적, 물리적 힘으로 상대를 억압하는 힘의 논리가 만연해 있다. 이러한 상황에서 우리에게 필요한 사회 윤리는 무엇인가? 이 책은 똘레랑스라는 개념을 제안하며 이것이 차이와 다양성이라는 측면에서 그다지 관용적이지 못한 우리 사회에 꼭 필요한 덕목이라고 말한다. 똘레랑스의 형성 과정과 기본원리, 그리고 똘레랑스가 지닌 현실적인 한계까지 논하고 있는 이 책은 똘레랑스가 관념적인 개념이 아닌 살아 있는 사회 윤리로 우리 사회를 변화시키는 원동력이 될 것이라고 주장한다. 그러나 똘레랑스에 관한 체험이 없는 이 땅에 그 개념을 그대로 이식하기에는 무리가 있다. 따라서 이 책은 우리 토양에 똘레랑스를 접목시키는 방안을 강구한다. 이렇게 현실에서 역동적인 힘을 발휘할 수 있는 똘레랑스의 가능성을 고찰해봄으로써 극단과 편견을 넘어 차이와 다양성의 가치가 온전히 인정받을 수 있는 열린사회의 가능성을 모색한다.

○ 탈러런스(tolerance)와 똘레랑스(toleration)의 차이는 무엇인가?

tolerance는 다른 라이프 스타일과 신념을 판단하지 않고 받아들이는 것인 반면, toleration은 동의하지 않거나 반대하는 것을 참아내는 것을 말한다.

○ 우리 사회에 필요한 사회 윤리는 무엇인가?

똘레랑스, 정의, 책임 등

베트남 설날 장대이야기

쩐 꾸옥 지음 | 응웬 빅 그림 | 이구용 옮김 |
정인출판사

2011년 문화체육관광부 우수교양도서

베트남에서는 왜 설날에 장대를 세울까요?

옛날 옛적 베트남에서는 악마들이 사람들을 소작인으로 다스렸어요. 사람들은 열심히 일을 했지만, 악마들 의 꾀에 속아 수확한 농산물을 악마들에게 모조리 빼 앗기고 어렵게 살았어요. 이 모든 것을 묵묵히 지켜보 던 부처님은 사람들에게 지혜를 주어 농작물을 풍족하게 가질 수 있도록 도와주었어요. 그러자 화가 난 악 마들이 사람들에게서 농작물을 빼앗으려 쳐들어오기 시작했어요. 사람들은 악마들을 막아낼 수 있을까요?

● 어떤 것이 궁금하나요?

- 베트남에서는 왜 설날에 장대를 세울까요?
- 베트남의 설날과 한국의 설날의 공통점과 차이점은 무엇인가요?

● 토론하고 싶은 내용이 있나요?

다른 종교의 사람들을 만나게 되었을 때, 우리는 어떤 태도를 보여야 할까요?

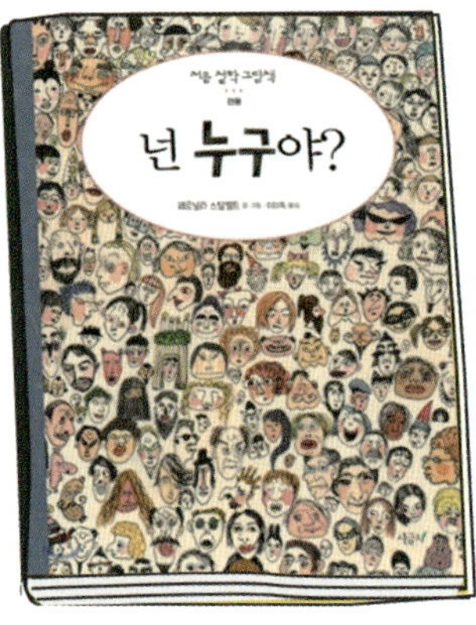

넌 누구야? (관용)

페르닐라 스탈펠트 저 | 이미옥 역 | 시금치

최근 우리 사회에는 갖가지 '혐오' 이슈가 뜨겁게 달아오르고 있습니다. 어른은 물론 갓 성년이 된 대학생, 청소년들도 혐오와 분노 문제에서 자유롭지 못한 세상임을 우리는 최근에야 심각하게 자각하고 있습니다.

'처음 철학 그림책' 시리즈의 '죽음' '폭력' '똥'에 이어 사랑과 관용 편인 신간 『자꾸 마음이 끌린다면』『넌 누구야?』는 공교롭게도 혐오와 미움으로 얼룩지지 않는 삶과 세상을 그리는 이야기입니다. 특히 『넌 누구야?』는 2011년 노르웨이의 우토야 섬에서 벌어진 극단적인 혐오 테러로 충격을 받은 작가가 특별한 기획과 제작 과정을 거쳐 2012년 출간한 책입니다.

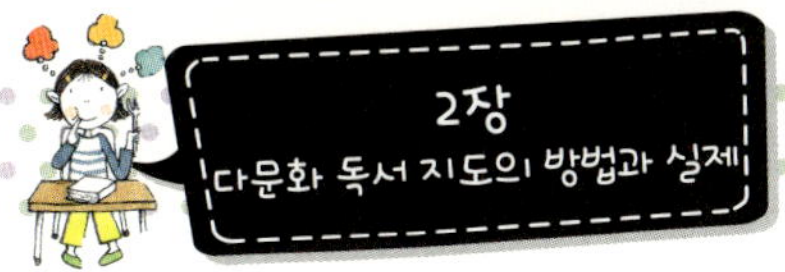

○ 어떤 것이 궁금하나요?

비슷해서 좋은 걸까요? 달라서 좋은 걸까요?
차이를 극복할 수 있는 방법은 무엇일까요?

○ 토론하고 싶은 내용이 있나요?

종교나 인종의 차이로 발생하는 테러에 대해 우리는 어떻게 대처해야 할까요?

3 평화 교육 다문화 독서 지도

(1) 평화 교육

평화는 우리 인류가 끊임없이 추구해 온 보편적 가치이며, 지속적으로 관심을 갖고 이를 실현하고자 노력해 왔다. 그러나 평화라는 개념은 시대에 따라 문화에 따라 심지어는 각 개인이 처한 상황에 따라 다르게 이해되는 경향이 있어 평화의 개념을 한마디로 정의 내리기는 쉽지 않다.[4]

평화의 개념이 다양한 시기에 다양한 집단에 의해 다양하게 이해 되어왔으므로 평화에 대한 개념을 여러 각도에서 이해하는 것은 매우 중요하다. 평화의 개념을 어떻게 정의하느냐에 따라 평화롭지 않은 상황에 대한 지각이 달라지기 때문이다. 평화를 사전적 의미로 볼 때 평온하고 화목함, 화합하고 안온함, 전쟁과 분쟁 및 일체의 갈등이 없는 상태를 뜻한다. 즉 평화란 다툼 없이 평온하게 사는 상태를 말한다고 볼 수 있다. 많은 사람들이 평화를 전쟁의 부재로 생각하지만 평화는 전쟁의 부재보다 훨씬 더 많은 것을 의미하는 적극적 개념이다. 인간 생존을 위한 필요조건으로서 평화는 인간이 무력을 사용하지 않고 갈등을 해결하는 것을 의미하여 인간이 오랜 기간 달성하고자 노력해 온 이상을 대표하는 것이다.

최근 널리 통용되고 있는 평화의 개념 중 하나는 요한 갈퉁(J. Galtung)에 의해 분류된 '소극적 평화(negative peace)'와 '적극적 평화(Positive peace)'가 있다. 소극적 평화란 직접적 폭력이 없는 상태를 말하는 것으로

---

4) 고병헌(2006),평화교육사상, 학지사.

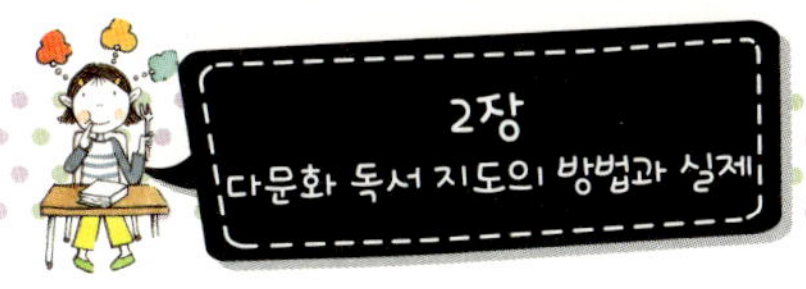

직접적 폭력은 물리적 폭력으로 인간이나 생명체를 죽이거나 상처를 입히는 것을 말한다. 전쟁, 테러리즘, 범죄, 신체에 대한 폭행과 같은 폭력으로부터 자유로운 상태가 바로 소극적 평화이다. 적극적 평화는 직접적 폭력뿐만 아니라 구조적 폭력과 문화적 폭력이 없는 상태를 말하는 데 구조적 폭력은 사회의 구조에 의해 개인이나 집단에게 자신의 창의력과 잠재력을 실현할 기회를 박탈하는 상황을 말한다. 기아, 절대적 빈곤, 빈부의 격차, 사회의 부태, 정치적 억압, 차별과 소외. 생태계의 파괴로 인한 생존 조건의 악화와 같이 구조적 요인에 의해 개인이나 집단이 기본적인 권리를 보장받지 못하는 상태이다.[5]

사회를 평화롭게 만들자면 물리적이고 직접적인 폭력을 제거해야 할 뿐 아니라 간접적이며 구조적인 폭력을 제거하는 데 힘써야 한다. 평화는 전쟁이나 살상과 같은 직접적 폭력에 의해서도 깨질 뿐 아니라 적개심이나 공격성, 증오심 같은 잠재적인 폭력, 간접적인 폭력에 의해서도 크게 침해를 받기 때문이다. 따라서 갈등 관계에서 발생되는 적대의식과 공격성, 증오심을 순화시키며, 타 존재를 축복, 존중하고 협동하는 한편 모든 종류의 폭력을 감소시키는 평화능력을 기르는 것이 중요하다.

다문화교육에서의 평화교육은 평등교육에서 출발한다. 평등교육은 모든 아이들, 특히 소수 민족이나 경제적으로 불리한 조건에 있는 아이들이 동등하고 공평하게 교육 받을 기회를 주는 것을 의미한다. 이러한 평등교육은 소수 민족의 자녀들이 학교에 입학할 수 있는 기회만 주어지는 기회의 평등만이 아니라, 이들이 잠재력을 개발할 수 있도록 잠재력의 차이에 따

---

5) 해리 · 모리슨(2011). 평화교육, 오름.

라 교육적 활동이 달라져야 한다는 것을 의미한다. 이는 모든 아이들이 같은 경험과 결과를 이루어야 한다는 것이 아니라, 교육하는 과정에서 각자에게 맞는 지원이 있어야 함을 의미하는 교육과정의 평등이라 할 수 있다.

다문화교육 학자들의 관점에서 보는 다문화교육은 평등교육을 실현하려는 목표를 달성하기 위해 교육과정을 통한 다문화적 역량을 고양하고 이를 행동으로 옮길 수 있는 사회정의를 실현하는 교육이다. 따라서 인종과 성, 계층, 종교 등 다양한 사회 집단의 문화적 다양성을 이해하고 인식의 전환, 사고의 전환을 통해 사회 속에 내재되어 있는 불평등과 편견 등을 깨닫도록 도와주어야 한다.

따라서 평화교육은 이러한 평등교육을 바탕으로 모든 민족과 문화, 문명, 가치, 생활양식에 대한 이해와 존중이라는 목표의 실현을 위해 문화이해교육을 강조한다. 평등교육은 다양한 문화를 존중하고 사회 계층, 성별, 종교에 대한 긍정적인 태도 형성 및 존재를 인정하며 평등의 가치를 인식하여 편견과 선입견에 대한 비판적 사고를 형성하는 내재적 가치이다. 반면에 평화교육은 국제 관계에 초점을 두어 국제 문제를 인지하고 국제 관계에 대한 지식을 습득하며 전 지구적 문제의 평화적 해결을 위한 적극적인 참여 의지를 궁극적인 목표로 삼고 있다.

평등교육은 다문화교육과 관련이 있고, 평화교육은 국제이해교육과 밀접한 관계가 있다. 평등교육은 다민족 국가에서 겪고 있는 민족과 인종 간의 불평등한 차별을 해결하고 평등과 다양성의 존중을 강조한다. 반면에 평화교육은 2차 세계대전 이후 전쟁을 방지하고 지구촌의 평화와 화합, 국제적 문제를 함께 해결할 목적으로 탄생했다. 따라서 평화교육은 문화 이해에 강조를 주기 때문에 국제 관계 이해나 지구적 문제의 평화로운 해결을 위한

적극적인 참여도 매우 중요하다 할 수 있다.

평등교육과 평화교육을 정리하면 아래 〈표 2-6〉과 같다. [6]

〈표 2-6〉 평등교육과 평화교육

	평등교육	평화교육
성격	다문화교육	국제이해교육
내용	인종과 민족 간의 불평등 해결	전쟁 방지, 국제 문제 해결
방법	교육과정 개혁	국제 관계 이해
강조	비판 의식 고양	문화 이해 강조
공통점	문화 이해, 문화적 다양성, 인권, 환경	

---

6) 교육과학기술연구원(2016), 다문화교육을 위한 교원 원격연수과정 6장 참고

❶ 초등

1. 자유의 노래

관련 핵심역량

자기관리역량, 심미적 감성 역량,
의사소통 역량, 공동체 역량

강무홍 글 / 박준우 그림 / 양철북

어떻게 읽을까요?

1. 비폭력에 대하여 관심을 가지며 읽어요.
2. 다문화 사람들 사이에서 어떤 일이 벌어지는지 생각하며 읽어요.
3. 내가 평화를 지켜나가기 위해서 어떤 노력을 할 수 있는지 생각하며 읽어요.

어떤 내용일까요?

> 나에게는 꿈이 있습니다.
> 노예의 후손들과 노예 주인의 후손들이 형제처럼
> 손을 맞잡고 나란히 앉게 되는 꿈입니다.
> 나에게는 꿈이 있습니다.
> 우리 아이들이 피부색으로 평가되지 않고
> 인격으로 평가하는 나라에서 살게 되는 꿈입니다.

피부색 때문에 차별을 받아야 했던 시절 흑인들에게 '비폭력'으로 '저항'하자고 설득하여 폭력 앞에서도 희망을 잃지 않고 수많은 사람들이 '인간 평등'을 외치며 한자리에 모여 들게 했던 참된 자유와 평등을 얻어내기 위해 끝없이 저항하고 헌신한 마틴 루터 킹 목사의 삶과 정신을 담은 책입니다.

2. 커피 우유와 소보로 빵

관련 핵심역량

자기관리역량, 미적 감성 역량, 의사소통 역량,
공동체 역량

카롤린 필립스 글 / 전은경 역 / 허구 그림 / 푸른숲주니어

어떻게 읽을까요?

1. 차별과 차이를 생각해보며 읽어요.
2. 다문화가정을 이해하는 시각으로 읽어요.
3. 문화의 다양성을 존중하면서 공존할 수 있는 방안을 생각하며 읽어요.

어떤 내용일까요?

샘은 피부가 까맣다는 이유로 전학 오던 날 백인친구 보리스에게 커피 우유라는 별명을 얻게 됩니다. 자신이 최고라고 생각했던 보리스는 샘에게 계속 뒤처지게 되고 라이벌이 된 샘에게 점점 더 질투심을 키우며 샘을 놀립니다.

샘의 반 친구들은 음악 경연대회를 준비하면서 샘이 반주를 맡게 되지만 팔에 한 깁스로 보리스가 반주를 하게 됩니다. 반주를 하지 못하게 된 샘은 너무 속상하지만 주변 사람들은 자신의 마음을 몰라주는 것 같아 경연대회에 참석하는 것을 포기하고 싶어합니다. 힘들어 하는 샘에게 보리스는 한 손씩 피아노 반주 연습을 해서 경연대회의 반주를 같이 하자고 제안합니다. 샘은 왼손, 보리스는 오른손으로 매일매일 반주 연습을 해서 결국 경연대회에서 2등을 하게 되고 특별상으로 반 여행까지 가게 됩니다.

다른 친구들과 다르다는 이유로 차별과 놀림을 당해야 했던 샘, 하지만 결국엔 이해와 화합으로 친구들과 우정을 나눕니다.

1. 평화, 당연하지 않은 이야기

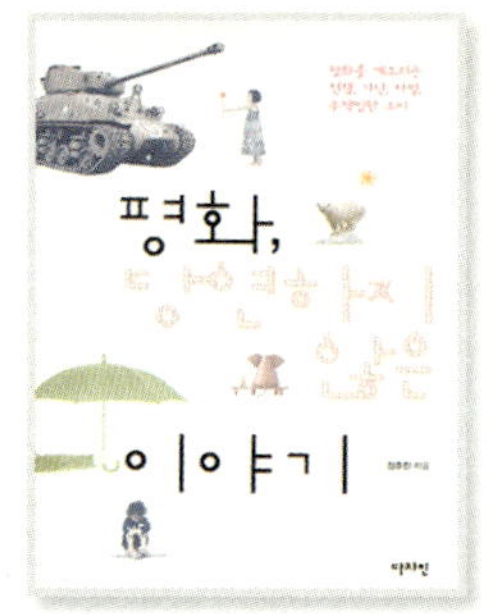

관련 핵심역량

자기관리역량, 심미적 감성 역량, 의사소통 역량,
공동체 역량

정주진 지음 / 디자인

어떻게 읽을까요?

1. 〈평화〉란 무엇일까 생각하며 읽어요.
2. 〈전쟁〉이 일어나면 무슨 일이 생기는지 생각하며 읽어요.
3. 차별 없는 세상이란 어떤 세상일까 생각하며 읽어요.

어떤 내용일까요?

　평화롭게 해가 지는 바닷가를 거닐며 호젓하게 시간을 보내는 장면을 생각해 보아요. 아무도 없는 무인도에 혼자 사는 로빈슨 크로소는 평화로웠나요?

　이 책에서 저자는 단순히 전쟁이 없는 상태를 평화라고 하지 않았어요. 마찬가지로 나 혼자 편안한 상태를 평화라고 하지도 않아요. 폭력에는 자신에게 직접 가해지는 전쟁과 같은 직접적 폭력이 있지요. 그리고 사회 구조를 통하여 폭력이 가해지는 간접적 폭력도 있습니다. 이 사회에는 많은 폭력이 있는데 물리적 폭력 뿐 아니라 정신적 폭력도 포함된다는 사실을 알아야 합니다. 가정폭력, 학교폭력, 언어폭력, 조직폭력 등 다양한 형태의 폭력들이 알게 모르게 우리 주위에 깊숙이 침투되어 있어요. 우리가 당연하다고 여기는 상황에도 우리가 모르는 폭력이 숨어 있지요. 저자는 직접적 폭력은 물론 이러한 구조적, 문화적 폭력에서 벗어나 한 개인으로 또한 사회의 구성원으로 누구나 공평하게 살 수 있는 권리를 "평화"라고 합니다.

2. 간디, 강을 거슬러 오르다

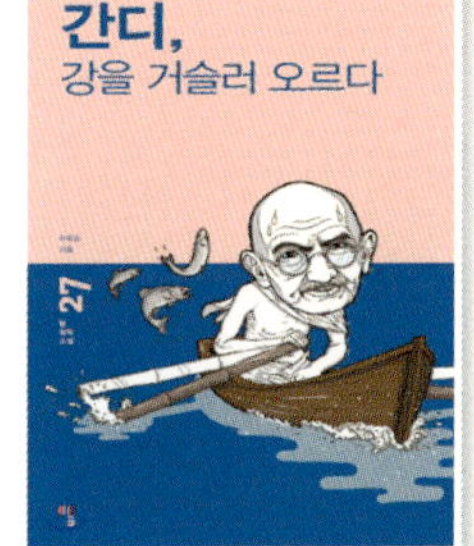

관련 핵심역량

자기관리역량, 심미적 감성 역량, 의사소통 역량,
공동체 역량

이옥순 저 / 탐

어떻게 읽을까요?

1. 간디가 주장한 〈비폭력 투쟁〉이 무엇인지 생각하며 읽어요.
2. 학교 폭력의 원인은 무엇일까 생각하며 읽어요.
3. 일본이 일으킨 태평양 전쟁의 의미가 무엇이었을까 생각하며 읽어요.

어떤 내용일까요?

　수줍음이 많고 말수가 적은 경훈이가 이 책의 주인공이다. 같은 반 학생들은 경훈이의 이러한 점을 못마땅하게 여기며 경훈은 '왕따'를 당한다. 시골에서 자유스럽게 자란 힘없는 경훈이가 아무 말도 못하고 상황에 끌려 갈 수밖에 없는 것은 간디가 살았던 인도와 비슷하다.

　제국주의의 거대한 군사력과 산업혁명에 성공한 자본으로 인도를 그들의 식민지로 삼은 영국처럼 몇몇의 아이들은 집단의 힘으로 같은 반 친구들을 괴롭힌다. "인간은 자신의 무력과 타인에 대한 혐오를 폭력으로 다스리려는 버릇이 있으며, 폭력은 반드시 또 다른 폭력을 불러일으킨다."는 간디의 말처럼 '왕따'로 몰린 반 학생들은 조직적이고 무자비한 폭력 앞에 스스로를 적응하거나, 더 큰 폭력으로 갚으려다 학교를 떠나고 만다. 하지만 이러한 상황에서 경훈이는 비폭력적 방법만이 폭력에 물든 친구들을 변화시킨다는 믿음을 갖게 된다.

(3) 독서활동을 통한 평화 교육

나에게는 꿈이 있습니다. 조지아 주의 붉은 언덕에서 노예의
후손들과 노예 주인의 후손들이 형제처럼 손을 맞잡고 나란히
앉게 되는 꿈입니다. 나에게는 꿈이 있습니다. 이글거리는 불의
와 억압이 존재하는 미시시피 주가 자유와 정의의 오아시스가
되는 꿈입니다. 나에게는 꿈이 있습니다. 내 아이들이 피부색을
기준으로 사람을 평가하지 않고 인격을 기준으로 사람을 평가하
는 나라에서 살게 되는 꿈입니다.

마틴 루터 킹 목사의 평화를 향한 꿈 이야기이다. 미국에서 노예 해방이
시작된 것은 남북 전쟁이 종결된 1865년이었지만 참정권의 보장으로 완전
한 노예 해방이 이루어진 것은 1964년 민권 운동이 일어난 시점으로 볼 수
있으니 참으로 오랫동안을 기다려야 했다. 1963년 8월 28일, 마틴 루터 킹
목사는 링컨 기념관 앞에서 흑인과 백인의 평등과 공존에 대해 요구했다.
그 이후, 케네디 행정부에는 시민권 개정 입법안을 의회에 제출하라는 압력
이 더욱 강해졌다. 케네디 대통령의 암살 후 그를 계승한 린든 존슨 대통령
때인 1964년에 비로소 시민권 개정안이 통과되었으며, 이듬해인 1965년에
는 투표권 개정안이 통과되었다.

사실 미국의 노예해방 선언은 1863년 1월 1일, 미국 제16대 대통령인 아
브라함 링컨에 의해 이루어졌다. 그 후 노예문제로 인한 남북전쟁이 끝나
고 남부가 연방제로 들어설 때까지 노예제도가 남아 있다가 실질적인 노예
해방은 미국 수정헌법 제13~15조의 성립으로 폐지가 확정되었다. 그러나

그들에게 진정한 참정권은 부여되지 않았고 평등과 평화의 삶을 살 수 없었던 것이다.

이에 마틴 루터 킹 목사는 우리 아이들이 피부색을 기준으로 사람을 평가하지 않고 인격을 기준으로 사람을 평가하는 나라에서 살고 싶다고 호소하였던 것이다. '나에게는 꿈이 있습니다(I Have a Dream)' 라는 제목의 이 연설은 흑인과 백인의 평등과 공존에 대한 요구였다. 이 꿈이 현실이 되어 차별받던 흑인들이 평등하게 대접받게 되었다. 연설문 한 편을 읽고 그리고 책 한 권을 읽고 함께 나눌 이야기를 끄집어내고, 그 주제에 대해 자신의 주장을 근거를 들어 말하는 독서 습관은 우리 사회를 행복하게 할 수 있다.

평화를 위한 간디의 비폭력 불복종 노력도 유명하다. 비폭력은 부당한 압력이나 힘을 가해 올 때 작은 폭력도 사용하지 않고 싸워서 자기나 국가의 자유와 평화를 지키자는 운동이다. 불복종 운동은 정부를 비롯한 국가 기관에 의해 강제로 개인의 이익을 침해받을 때 폭력적인 방법으로 해결하지 않고, 정부가 시행하는 법을 어겨 불이익을 당함으로써 정부의 정책이나 제도를 바꾸려는 운동을 말한다.

아래 내용은 간디가 영국에서 대학을 다니던 시절의 이야기다.[7]

자신에게 고개를 절대 숙이지 않는 식민지 출신의 젊은 학생인 간디를 아니꼽게 여기던 피터스라는 교수가 있었다. 하루는 간디가 대학 식당에서 점심을 먹고 있는 피터스 교수 옆으로 다

7) 아시아 타임즈, 2016.12.01

가가 앉았다. 피터스 교수는 거드름을 피우며 말했다. "이보게, 자네가 아직 잘 모르는 모양인데 돼지와 새가 함께 앉아 식사하는 경우란 없다네." 이에 간디는 말했다. "아~ 걱정 마세요 교수님. 제가 다른 곳으로 날아갈게요."

복수심이 오른 교수는 다음 번 시험에서 간디에게 엿을 먹이기 위해 시험문제를 어렵게 출제했다. 하지만 간디는 만점에 가까운 점수를 받았다. 교수는 분을 삭이며 간디에게 다음과 같은 질문을 던졌다. "길을 걷다가 두 개의 주머니를 발견했다. 한 자루에는 돈이 가득 들어있고 다른 자루에는 지혜가 가득 들어있다. 둘 중 하나만 고를 수 있다면 자넨 어느 쪽을 택하겠는가?" "그야 당연히 돈 자루죠" "쯧쯧. 나라면 지혜를 택했을 거네" "뭐, 각자 자신이 부족한 것을 택하는 것 아니겠어요?"

히스테리 상태에 빠진 교수는 간디의 답안지에 신경질적으로 '멍청이(stupid)'라고 적은 후 그에게 돌려줬다. 채점지를 받은 간디가 교수에게 말했다. "교수님, 제 시험지에 점수는 안 적혀 있고, 교수님 서명만 있던데요."

권력과 힘으로 인도를 지배하던 영국에 비폭력 방식으로 맞선 간디는 강을 거슬러 올라가려는 것처럼 무모해 보이는 비폭력 투쟁이었지만 결국 평화를 얻을 수 있었다. 비폭력을 말할 때 사람들은 모두 의심한다. 괜히 나만 폭력에 쓰러지는 건 아닌지, 혹시 나만 손해 보는 건 아닌지 말이다. 하지만 위의 일화처럼 비폭력 저항이 얼마나 통쾌하고 시원하지 아니한가? 간디가 말하는 비폭력주의는 소극적이고 무기력한 투쟁이 아니다. 사람 사이의 신뢰와 사랑 그리고 정의를 바탕으로 하는 비폭력주의는 인간이 인간으로서 존중받을 수 있는 인본주의의 결정체이자 세상 모두가 행복한 평화를 이룰 수가 있다.

『간디, 강을 거슬러 오르다』, 『평화, 당연하지 않은 이야기』, 『우리는 평화를 배운다』 등의 책을 읽으면 우리는 평화와 다문화에 대한 이야기를 나누고 싶어질 것이다. 이 때 누군가 옆에서 슬그머니 말이라도 걸어준다면 우린 책을 읽으며 느낀 점들을 쏟아낼 것이다. 이런 '독서 말 걸기'와 '독서대화'를 통해 평화가 무엇인지 이해하게 되고, 어떻게 모든 이들과 평화를 이루며 살 수 있을 것인지 깨닫게 될 수 있다.

『모두 깜언』, 『아빠, 제발 잡히지마』 등 평화를 주제로 한 책을 읽고 이주 노동자의 아픔을 공감하고 모두가 함께 행복한 사회를 만들어가는 방법에 대해 이야기를 나누다보면 우리 사회는 자연스레 평화로운 사회로 변화될 것이다. 이것이 바로 독서토론의 힘이기도 하다. 신나고 재미있게 다문화 독서토론을 하다 보면, 사회의 다수자를 차지하고 있는 우리와 소수자인 다문화 가족 모두 평화로운 다문화 사회를 열어갈 수 있을 것이다.

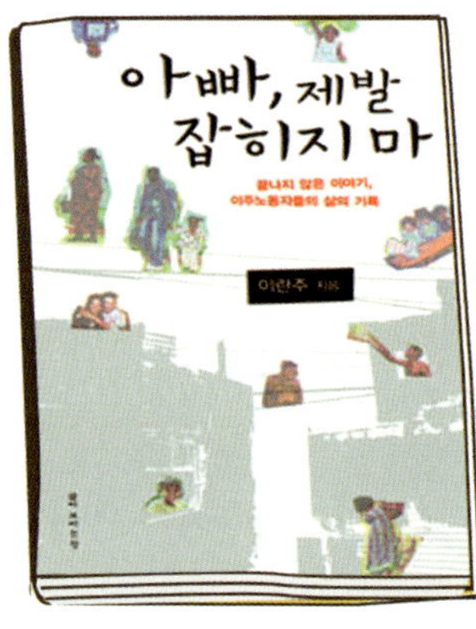

아빠, 제발 잡히지 마

이란주 지음 | 삶이보이는창 | 2009

못내 미안한 친구들이 있습니다. 스무 살 즈음에 한국에 와서 젊은 날을 여기서 다 보내고 이제 마흔 줄에 들어선, 그 긴 세월 내내 미등록이라는 이유로 불안한 삶을 살고 있는 친구들입니다. 열심히 일해서 번 돈으로 가족을 부양하며 소박하게 살고 싶은 꿈을 가진 이들입니다. 그러나 세월은 그 꿈을 외면한 채 멀리 달아나기만 합니다. 우리 사회는 이주노동자에게 '노동'만을 요구할 뿐, 이주노동자가 생활인이며 행복을 꿈꾸는 사람들이라는 점을 자꾸 모른 척 합니다. 그러니 이주노동자는 소리 없는 주변인, 있어도 없는 그림자가 되어 숯덩이 같은 가슴을 안은 채 살고 있습니다. 만약 우리 사회가 이주노동자에게 평등한 기회를 보장했더라면, 사람다울 권리를 보장했더라면 아마 친구들의 삶도 달라졌겠지요. 좀 더 열심히 하지 못한 부끄러움, 더 굳게 손잡고 더 깊게 연대하지 못한 마음에 미안합니다.

○ '아빠, 제발 잡히지마'라는 제목은 무슨 뜻일까요?

모루, 엄마, 아빠가 한국에서 생활하다가 모루의 어머니가 단속에 걸려서 모루와 엄마는 귀국하고 모루가 한국에 있는 아빠에게 전화로 속삭인 말.

○ 모루의 이 말에 대한 여러분의 느낌은 어떠했나요?

○ 제도는 사회의 공공선을 지키기 위한 최소한의 제약이라고 할 수 있습니다. 카스트 제도와 우리나라의 이주노동자를 위한 제도도 이러한 맥락에서 한다면, 제도를 유지해야할 필요성이 있을까요? 제도는 없어져야 하는 것일까요?

모두깜언

김중미 지음 | 창비 | 2015

유정이 삼촌은 어떻게 하여 베트남 아가씨와 결혼하게 되었나요? 그리고 처음에 삼촌의 결혼에 대한 유정이의 반응은 어떠했나요?

유정이 삼촌은 나이가 많아 국내에서 신붓감을 찾기 어려웠다. 유정이 할머니는 마을에 사는 외국인 신부들에게 관심을 보였으며 드디어 유정이 삼촌도 베트남에 가서 여자를 소개받아 결혼을 하게 되었다. 유정이는 삼촌이 결혼 직후 작은엄마에게 잘해주어 질투가 나서 마음이 편하지 않았다. 하지만 시간이 흐르면서 작은엄마를 엄마나 언니처럼 잘 따르고 의지하게 된다.

유정이네 작은엄마처럼 한국의 농촌총각과 결혼을 하여 행복한 가정을 꾸리는 경우도 있지만, 작은엄마의 사촌동생 로앤처럼 결혼에 실패해 상처만 얻고 고국으로 돌아가야 하는 사람들도 있습니다. 여러분은 국제결혼에 대해 어떻게 생각하나요?

○ 국제결혼에 대해 찬성한다.

○ 국제결혼에 대해 반대한다.

○ 행복한 국제결혼을 위해 우리 사회가 어떻게 하면 좋을까요?

평화 주제 다문화 국가 도서 1 – 베트남

베트남 설날 장대이야기

쩐 꾸옥 지음 | 응웬 빅 그림 | 이구용 옮김 | 정인출판사

2011년 문화체육관광부 우수교양도서

옛날 옛적 베트남에서는 악마들이 사람들을 소작인으로 다스렸어요. 사람들은 열심히 일을 했지만, 악마들 의 꾀에 속아 수확한 농산물을 악마들에게 모조리 빼 앗기고 어렵게 살았어요. 이 모든 것을 묵묵히 지켜보 던 부처님은 사람들에게 지혜를 주어 농작물을 풍족하게 가질 수 있도록 도와주었어요. 그러자 화가 난 악 마들이 사람들에 게서 농작물을 빼앗으려 쳐들어오기 시작했어요. 사람들은 악마들을 막아낼 수 있을까요?

● 어떤 것이 궁금하나요?

악마들이 어떻게 하여 사람들을 소작인으로 다스리게 되었을까요?

이와 비슷한 이야기로 우리나라 이야기는 무엇이 있을까요?

● 토론하고 싶은 내용이 있나요?

악마들을 막아낼 방법을 생각해 볼까요?

러브

안드레아 페트릭 글, 그림 | 이구용 옮김 |
정인출판사

이 책에서 '나'는 세상의 모든 어린이를 대신하여 자신이 누구인지, 무엇을 원하는지 이야기합니다. 어린이는 자라면서 소망과는 다른 현실에 부딪히고 좌절할 지도 모릅니다. 하지만 그런 세상이 정말 올바른 곳일까요? 어린이가 행복할 수 있는 세상이야말로 사실은 가장 좋은 세상이 아닐까요? 이 책의 지은이 안드레아는 폭력, 편견, 전쟁, 굶주림, 슬픔, 외로움이 없고 사랑과 기쁨이 가득한 세상을 만드는 데 도움이 되고 싶어 그림을 그리기 시작했다고 합니다.

○ 어떤 것이 궁금하나요?

- 크로아티아는 어떤 나라일까요?
- 크로아티아와 우리나라 어린이는 행복한 삶을 살고 있을까요?

○ 토론하고 싶은 내용이 있나요?

어떻게 하면 어린이가 행복한 세상이 될 수 있을까요?

4 문화교류 교육 다문화 독서 지도

(1) 문화교류 교육

문화교류란 이질문화를 배경으로 한 조직이나 국가 혹은 인간 사이의 접촉이나 교류를 의미한다. 이러한 교류는 상호이해를 위해 불가결한 것이지만 언어적인 것이든 비언어적인 것이든 서로 의도하고 있는 내용의 왜곡이나 차이가 발생하기 쉽고 오해나 단절로 이어지는 경우도 있다. 이것은 배경지식과 생활양태의 차이로 발생할 수 있으며, 지속적인 문화의 공유가 이루어지지 않음으로 인해 더욱 심화될 수 있다. 또한 이(異)문화와의 접촉은 개인이 체득해 온 인지 방법이나 행동의 습관에 대해 재(再)체제화를 강요하기 때문에 이른바 문화충격이라는 심리적 혼란 상태를 일으키는 경우도 있다. 현대의 문화교류는 다양한 인류문화에 기본적인 평등성을 인정하고, 세계의 평화적 발전을 위하여 문화간의 상호이해를 도모하는 여러 활동을 의미한다. 즉, 세계의 다양한 문화가 기본적으로 평등하다는 것을 인정하고, 세계의 평화적 발전을 위하여 문화 간의 상호이해를 도모하는 여러 활동을 의미한다.

다문화 사회는 여러 민족, 언어 등 다양한 문화적 배경을 가진 사회 구성원이 모여 한 사회를 이루고 있으므로, 서로 다른 문화에 대해 이해하고 존중하는 태도가 필요하다. 역사적으로 서로 다른 문화의 상호접촉과 전파는 주로 국가 간의 정치적·군사적·경제적 지배와 피지배관계의 관계로 힘이 센 곳에서 힘이 약한 곳으로의 확대의 형태를 취해왔다. 그러나 오늘날의 문화교류는 다양한 인류문화에 기본적인 평등성을 인정하고, 국제사회의 평화적 발전을 위하여 문화간의 상호이해를 보다 깊게 하는 활동을 의미한다.

현재 세계는 하나의 지구촌으로 만드는 지구화(globalization)의 흐름 속에 있다. 세계의 어떤 나라나 집단도 고립되고 독립된 세계로 존재하지 못하며 상호 협력을 통해서만 생존할 수 있다는 것은 누구도 이론의 여지가 없다. 우리나라도 예외는 아니다. 우리나라는 역사적으로 아주 오래 전부터 다른 나라와 교류하며 살아왔다. 벌써 엄청난 외국인들이 한국이라는 국가 안에서 우리와 함께 살고 있으며 아마 앞으로는 더 많은 외국인들과 어울려 살아가게 될 것이다. 이런 환경 속에서 우리는 서로의 문화에 대한 이해하고 소통하는 자세가 꼭 필요하다.

같은 문화의 사람들도 끊임없는 갈등 속에서 살아간다. 하물며 다양한 인종, 민족, 국가 간에 만약 서로의 문화에 대한 교류를 통한 이해가 없다면 갈등은 계속 늘어갈 것이 불을 보듯 뻔한 일이다. 그러므로 우리는 문화의 다양성과 이질성에 대해 수용하는 마음가짐을 가져야 한다. 문화적 차이를 인정하고 이해하는 능력을 길러야 하며, 이를 위해 문화교류가 우선되어야 한다.

문화교류는 일방적인 문화교류가 아니라 쌍방적인 문화의 교류가 되어야 한다. 자국민에게 타문화를 경험하고 서로 다른 문화 간의 대화와 소통의 기회와 공간을 마련해 주어야 한다. 문화교류는 이웃의 문제를 인류의 공동 문제로 받아들이고 공동으로 해결책을 찾는 세계시민으로서의 자격과 능력을 갖추게 하는 일과도 연관이 있다. 그러므로 정부와 사회로부터 더 많은 관심과 지원이 문화 교류에 주어져야 한다.

뱅크스(Banks, 2004) 등 일부 학자들은 문화교류가 '나라 간 상호 관계'

에 초점을 맞추고 있기 때문에 국가 간과 국가 내의 차이에 근거하여 다문화 교육이 국제이해교육의 하위 범주에 포함돼야 한다고 주장한다. 그러나 문화교류를 상하위의 관계로 구분하기에는 무리가 있다. 문화교류는 문화 다양성에 근거하여 다른 문화에 대한 인식과 지식을 함양하고, 문화 간 이해와 문화적 다원주의의 범주를 강조하여 다양한 관점에서 세상을 이해하는 것을 추구하기 때문이다. 그로 인해 다양한 집단과 계층에 속한 사회 구성원들의 인권을 존중하고, 더 나아가 환경이나 국제적인 문제에 관심을 갖아야 한다.

문화교류는 서로 다른 문화의 다양성을 이해하고 존중하며, 서로 다르다는 문화적 특성을 이해해야 한다. 인종과 성, 계층, 종교 등 다양한 사회 집단의 문화적 다양성을 이해하고 인식의 전환, 사고의 전환을 통해 사회 속에 내재되어 있는 불평등과 편견 등을 깨닫도록 도와야 한다. 즉 주류 중심적인 인식에서 약자의 입장에서 생각할 수 있는 인식의 전환으로 비판적, 분석적 사고를 기르게 해야 한다.

또한 다문화교육의 문화교류는 모든 민족과 문화, 문명, 가치, 생활양식에 대한 이해와 존중이라는 목표의 실현을 위해 문화 이해 교육을 강조한다. 즉 다문화교육에서 문화의 다양성은 목표를 실현하기 위한 수단이라면, 문화교류는 국가 간 이해를 위한 필수적인 요소라 할 수 있다.

앞서 언급한 것처럼 다문화교육은 다문화 가정을 위한 교육도 중요하지만 다수자와 사회적 주류의 다문화 가정 이해 교육이 선행되어야 한다. 행정적인 용어로는 사회적 소수자를 지원하는 교육은 '다문화교육'으로, 다수자를 지원하는 교육은 대부분 '다문화 이해교육'으로 분리하여 사용되고 있다. 이러한 용어의 분리사용은 다문화교육을 사회적 소수자만을 대상으로 하는 교육으로 한정하고 있음을 의미하는 것으로, 한국에서의 다문화교육에 대한 인식이 사회적 소수자만을 위한 교육임을 나타낸다. 진정한 다문화 교육은 이런 다문화교육과 다문화이해 교육의 문화교류를 통해 완성될 수 있다.

❶ 초등

1. 우리 동네 마릴리 아줌마

관련 핵심역량

자기관리역량, 심미적 감성 역량, 의사소통 역량,
공동체 역량

함영연 지음 / 한나빵 그림 / 킨더주니어

어떻게 읽을까요?

1. 우리나라와 필리핀의 문화와 풍습이 어떻게 다른지 생각하며 읽어요.
2. 다른 나라와 우리나라 문화의 공통점, 차이점을 생각해보고 다른 나라의 문화를 받아들이는 자세에 대해여 생각하며 읽어요.

어떤 내용일까요?

　예지네 윗 층에 혼자 살던 준모삼촌에게 필리핀에서 온 마릴리라는 부인이 생겼습니다. 갑작스런 외국인 색시에 예지네 마을사람들은 많은 관심을 보였습니다. 물론 예지도 필리핀에서 시집온 마릴리 아줌마에게 궁금한 것이 많았습니다. 준모삼촌은 이런 예지에게 마릴리 아줌마를 소개시켜줬습니다.

　그러던 어느 날 예지는 엄마 심부름을 다녀오다 놀이터에서 근심이 가득한 얼굴을 하고 있는 마릴리 아줌마를 보게 되었습니다. 예지는 마릴리 아줌마에게 다가가 이유를 물었습니다. 마릴리 아줌마는 진짜 한국 아줌마가 되면 잘 살 수 있을 것 같다고 말했습니다. 마릴리 아줌마가 생각하는 진짜 한국 아줌마는 어떤 것일까요?

2. 함께 사는 다문화 왜 중요할까요?

관련 핵심역량

지식정보 처리 역량, 심미적 감성 역량,
의사소통 역량, 공동체 역량

홍명진 글 / 조성민 그림 / 어린이 나무 생각

어떻게 읽을까요?

1. 세계 많은 나라들의 정치, 경제, 문화, 종교, 자연환경 등을 비교하며 읽어요.
2. 인종의 다양성을 이해하며, 인종갈등 문제의 해결방안을 생각하며 읽어요.
3. 경쟁이 아닌 공존과 조화로운 세계화를 이루기 위해서 필요한 것이 무엇인지 생각하
   며 읽어요.

어떤 내용일까요?

우리는 클릭 몇 번이면 전 세계 구석구석의 소식을 알 수 있는 세계화 시대를 살아가
고 있습니다. 이제 더 이상 '우리끼리'를 고집하기에는 세상이 무척 넓어진 것이지요. 이
러한 세계화 시대에서 우리는 가지각색의 사람들과 다양한 문화를 존중하고 함께 누릴
수 있어야 합니다.

『함께 사는 다문화 왜 중요할까요?』는 우리와 다른 다양한 문화를 존중하고 함께 어
울려 살아가는 것이 왜 중요한지, 나와 다른 세계를 어떻게 받아들여야 하는지 생각해
보게 하는 책입니다.

1. 이슬람 정육점

관련 핵심역량

자기관리역량, 심미적 감성 역량,
의사소통 역량, 공동체 역량

손홍규 / 이슬람 정육점 / 문학과 지성사

어떻게 읽을까요?

1. '이슬람 정육점'이라는 제목에 담긴 의미가 무엇인지 생각하며 읽어요.
2. 다양한 인종이 다채롭게 어우러져 살아가는 한국 안 에서 진정한 문화교류를 이루기 위해서는 어떤 편견들을 극복해야할지 생각하며 읽어요.
3. 전쟁으로 인해 상처받은 이들이 서로 보듬으며 성장해가는 과정에 집중해보며 그들과 어떤 문화교류를 할 수 있을지 생각하며 읽어요.

어떤 내용일까요?

"제말 들으셨어요? 사랑해요. ......사랑한다구요!"
나는 내 몸속으로 의붓아버지의 피가 흘러들어온 걸 느꼈다. 뜨거웠다. 인간의 모든 기억들이 이처럼 단순하고 정직하게 이어진다는 걸, 나는 그때 처음 알았다. 나는 훗날 내 자식들에게 나의 피가 아닌 의붓아버지의 피를 물려주리라. 병실 구석5소에 섰던 이 맘이 다가와 나를 껴안았다. 그날 나는 이 세계를 입양하기로 마음먹었다.

서울의 이슬람 사원 주변 허름한 골목에서 살아가는 다양한 인생들과 함께 상처를 치유해가는 한 소년의 성장기를 담은 책. 하산 아저씨와 고아 소년을 비롯하여 사촌 일가를 오인 사살한 죄책감 때문에 귀국하지 못한 그리스인 야모스 아저씨 등을 통해 전쟁의 상처와 다민족이 어우러져 살아가는 이 세계의 모습을 따뜻하게 그려낸다.

2. 내 이름은 망고

관련 핵심역량

공동체 역량 / 자기관리역량 /
심미적 감성 역량 / 의사소통 역량

추정경 / 내 이름은 망고 / 창비

어떻게 읽을까요?

1. '망고'를 캄보디아어로 어떻게 발음하는지 생각해보며 읽어요.
2. 한국이 아닌 캄보디아에서 현지인들과 함께 공동의 삶을 살아가기 위해서 어떤 마음이 필요한지 생각해보며 읽어요.
3. 우리와 다른 세계의 사람들과 그들의 문화를 긍정으로 공감하는 관계를 유지하면 우리의 삶이 어떻게 달라지는지 생각해보며 읽어요.

어떤 내용일까요?

2009년 캄보디아로 여행을 떠났던 작가의 경험이 오롯이 담겨있는 이 소설은 활기찬 '수아'를 내세워 캄보디아의 세밀한 풍경을 그려내면서 현지인과 함께 살아가는 모습을 보여 주고 있다. 부모님 이혼, 사업실패 등 험난한 가족사를 안고 있는 17살 여고생 수아는 엄마와 함께 캄보디아로 건너왔다. 어느 날 엄마의 가출과 같은 실종으로 엄마가 하던 관광 가이드를 대타로 나서면서 캄보디아 현지인인 '쩜빠'와 같이 일하게 된다. 캄보디아 이웃 사람들과는 늘 까칠하게 대하면서 살아왔던 수아에게 쩜빠와의 공동 관광 가이드 일은 이들의 갈등을 치유하는 긍정의 힘을 얻게 만든다.

이 작품은 이들 사이에 있던 편견과 불편함이 사라지면서 따뜻한 바람과 건강한 햇살처럼 동화되어가고 있는 마음을 느낄 수 있게 담아내고 있다. 작가는 청소년의 성장소설이면서 캄보디아의 훈훈한 사람들과의 관계를 통해 다문화 사회를 받아들이는 좋은 계기를 마련해주고 있으며 우리와 다른 세계의 사람과 문화를 긍정으로 공감하는 마음의 울림을 전해주고 있다.

(3) 독서활동을 통한 문화교류 교육

전래동화나 신화, 설화 등 서사문학을 보면 동서양 문화교류의 흔적을 쉽게 발견할 수 있다. 문학은 단순한 이야기를 넘어 문화와 관습, 생활 모습을 담고 있어 전반적인 가치관 파악이 가능하므로 해당 국가의 문화를 자연스럽게 이해할 수 있다. 중요한 것은 이런 이야기가 오래 전부터 인류사와 함께 하고 있다는 것이다. 즉 문화교류는 오늘과 내일의 문제가 아니라 어제의 문제였으며, 또한 역사적으로 계승되면서 오늘과 내일의 지혜가 되어 다문화 사회를 대비하는 인류 공동체성을 지향한다.

또한 이런 사사문학은 인간의 심리와 감정에 깊이 연관되어 있어 인간의 내적 문제를 해결하기 위한 내적 자질들을 북돋을 수 있기에 인간의 삶에 깊이 있게 작용할 수 있다. 따라서 문화교류 측면에서도 다문화 가정을 위한 동화읽기나 문학적 접촉은 다양한 나라에서 쉽게 발견할 수 있어 문화적 소통과 이해를 함양하는데 도움이 된다.

예를 들어 신데렐라 이야기는 우리나라, 중국, 베트남, 필리핀, 일본 전래동화에 나타난 여성 유형들이다. 한국의 「콩쥐 팥쥐」 속 여성 유형과 그 관계가 다른 나라 전래동화에 대한 대표성을 획득하는 방식으로, 감추어지고 왜곡된 여성성을 되짚는다. 계모와 콩쥐, 팥쥐 이야기가 탈 근대적 의미의 새로운 여성으로 거듭날 수 있는 계기를 갖도록 이끌고 있다. '콩쥐 팥쥐' 유형은 우리나라를 포함하여 동아시아와 서구까지 두루 넘나듦으로써 전래동화의 구술적 가치를 확대하고 있다.

우리나라의 혹부리 영감 이야기와 일본의 주먹밥 할아버지 이야기도 문화교류 측면에서 의미가 있다. '정이'는 일본인인 엄마가 들려주는 옛이야

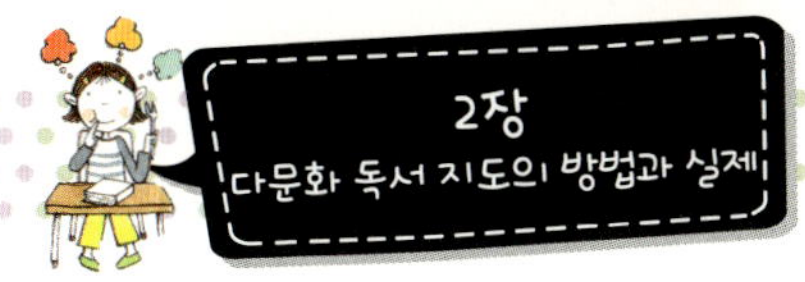

기 중 주먹밥 할아버지 이야기를 가장 좋아한다. 정이는 주먹밥 할아버지의 이야기를 들으며, 한국에도 그 와 비슷한 혹부리 영감 이야기가 있음을 엄마에게 알려준다. 비슷한 두 이야기를 통하여, 우리나라와 일본의 문화에 대해 비교해 볼 수 있는 이야기이다.[8]

삼국유사 경문왕조에 나오는 '임금님 귀는 당나귀 귀' 설화는 소아시아반도(현 터키 일대) 프리지아의 왕 '마이더스' 이야기의 내용과 같다. 이 설화는 프랑스 · 루마니아 · 러시아 · 그리스 · 아일랜드 · 칠레와 같은 지역에선 당나귀 귀 외에도 말이나 수산양(−山羊) 등으로 나타난다. '임금님 귀는 당나귀 귀' 이야기는 인도 · 몽고 · 터키 · 투르크스탄 · 키르기스스탄 등에도 있다. 내용은 다르지만 주인공들이 모두 당나귀 귀를 하고 있다는 점에서 같다. 문화는 문학과 예술 등을 통해 전파되고 그 길은 문명교류와 소통의 장이다. 또한 그 길은 민족이동과 말과 글의 경로이기도 하다.

'옛날 옛적에 한 가난한 농부가 있었다. 그는 그가 소유한 얼마 되지 않은 땅에서 하루 종일 열심히 일을 했으나 가족을 부양하기 힘들었다. 돈이 없어 자녀들을 공부시킬 수도 없었다. 하루는 들에서 일을 하다 황새 한 마리가 날개와 다리가 부러진 채 쓰러져 있는 것을 보았다. 그는 황새를 집에 가지고 와 오랫동안 정성껏 치료해 다시 자연으로 돌려보냈다. 어느 날 그가 일하러 밭에 갔을 때 똑같은 황새가 나타나 수박 씨앗 3개를 땅에 두고 갔다. 농부는 그 수박 씨앗을 밭에 심었다. 수박이 익어 수확을

---

8) 김민성, 일본의 주먹밥 할아버지와 혹부리 영감, 정인 출판사

하게 되자 손님을 청해 함께 큰 수박을 썰었다. 그랬더니 그 속에 금은보화가 가득했다. 농부는 그것을 손님에게 나눠주고 보화를 팔아 자녀를 공부시켰다. 이 소식을 들은 이웃의 탐욕스러운 한 부자가 황새를 잡아 다리와 날개를 부러뜨린 다음 가난한 농부가 했던 것처럼 치료를 해 날려 보냈다. 오랜 시간이 흘러 황새가 수박 씨앗을 물고 오자 부자가 그것을 심어 큰 수박을 수확하게 됐다. 부자는 손님을 청해 큰 수박을 썰었다. 그러나 그 수박 속에서는 벌떼가 나와 부자와 손님을 마구 쏘았다.'

이 이야기는 유명한 우즈베키스탄의 '황금수박' 전래동화다. 우즈베키스탄판 '흥부와 놀부'라 할 수 있다. 제비 대신 황새, 박 대신 수박, 형제 대신 이웃 등을 제외하곤 한국의 흥부놀부의 스토리와 같다.

전대완 전 우즈베키스탄 대사에 의하면 한국의 장화홍련전과 유사한 민화도 우즈베키스탄에 있다고 한다. 고구려, 신라, 백제는 오늘날 우리가 생각하는 것보다 훨씬 많이 서역과 교류했을 것으로 짐작되며 역사적 증거가 부족하기보다 우리의 관심과 연구가 부족할 뿐이다.

그는 '아리랑'의 기원이 파미르고원에서 발원한 '아무강'과 '쓰르강'이라는 주장도 하고 있다. 이곳은 옛날 소그드인들이 살던 곳으로 아무강(남강)과 쓰르강(북강)이 합쳐 아랄해로 들어가는데 아리랑의 '아리 아리랑 쓰리 쓰리랑 아라리가 났네'의 가사 중 아무는 '아리'이고 쓰르는 '쓰리'로 변음돼 '아라리(아랄해)'가 됐다고 주장했다. [9]

---

9) 영남일보, 2014. 11. 7

이런 문화교류의 내용을 바탕으로 다른 나라의 문화를 이해하고 존중하며 다양한 독서활동을 하다 보면 자연스레 세계 공동체 인식이 형성될 수 있을 것이다. 세계 문화와 문학이 서로 이어지고 연결되는 것을 독서 활동을 통해 이해하게 되면 다문화 가정을 존중하고 우리 모두 행복한 다문화 사회를 만들어갈 수 있을 것이다.

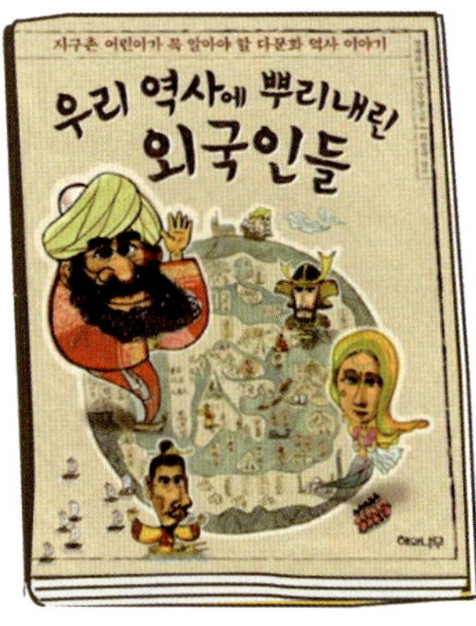

우리 역사에 뿌리내린 외국인들

정혜원 지음 | 김준영 그림 | 해와나무 출판사 |
2013

우리 민족은 정말 단일민족일까요? 그러나 지금 우리가 쓰고 있는 성씨의 80%가 외국에서 들어온 성씨라고 합니다. 그들은 무슨 이유로 우리나라에 왔을까요? 우리의 역사 속에 등장하는 외국인들은 결혼을 하러, 배를 타고 항해하다 표류하여, 외국 사신으로, 배에 물건을 싣고 장사를 하러 온 사람들입니다. 이 책에서는 인도 공주 허황옥, 아라비아 상인 처용, 안남국 왕자 이용상, 일본 장수 김충선, 네덜란드 선원 박연을 통해 당시의 생생한 역사 이야기들을 들려줍니다.

○ 우리나라 성씨를 아는 대로 적어 보자. 무슨 생각이 드는가?

○ '우리 민족은 단일 민족이다' 라는 의견에 대해 어떻게 생각하는가?

삼바를 추는 축구 소년

강효미 지음 | 송선범 그림 | 한솔수북 | 2014

영규는 브라질로 축구 유학을 가고 싶어합니다. 세계적으로 유명한 축구 선수가 되는 것이 영규의 꿈이기 때문이죠. 그런 영규에게 좋은 기회가 찾아왔습니다. 친구 준수네 집으로 브라질 할아버지가 이사를 온 것이죠. 브라질 사람에게 직접 축구를 배울 수 있는 좋은 기회가 찾아왔다 생각했지만, 영규는 할아버지에게 축구는 전혀 배우지 못합니다. 대신 할아버지에게 삼바를 배우게 되지요. 그러면서 영규는 서서히 브라질 문화에 관심을 갖게 되고, 애착을 갖게 됩니다. 서로의 문화에 관심을 갖고, 공유하는 것이 관계 형성에 얼마나 중요한지를 이 책은 이야기해 줍니다.

○ 브라질 문화에 대해 아는 것을 이야기해 보자.

○ 세계의 문화 중에서 소개하고 싶은 것이 있으면 말해 보자. 나는 장차 어떤
일을 하며 살고 싶은가?

문화교류 주제 다문화 국가 도서 1 – 태국

태국에서 온 수박돌이

아늣싸라 디와이 지음 | 차이 란차왓 그림 |
정인출판사 | 2010

강에서 수박을 건져온 할아버지. 조심해서 수박을 자르니 어린아이가 나옵니다. 그래서 그의 이름은 수박돌이. 수박돌이에게는 사람들의 병을 낫게 하는 남다른 재주가 있어요. 그런 수박돌이가 깊은 산속에서 길을 헤매다가 거인을 만나게 됩니다. 수박돌이는 거인을 돌보기로 약속해요. 병이 난 거인이 수박돌이를 잡아먹으려 하자 수박돌이는 미리 저장해 두었던 과일을 가져다주고 정성껏 돌봐주었습니다. 과연 수박돌이는 무사히 오두막으로 돌아갔을까요. 태국의 시골모습, 생활환경을 그림으로 확인해보아요.

⊙ 어떤 것이 궁금하나요?

- 거인이 자신을 돌보는 수박돌이를 잡아먹으려 한 것은 너무한 것이 아닌가?
- 우리나라에 이와 비슷한 이야기로 어떤 것이 있는가?

⊙ 토론하고 싶은 내용이 있나요?

내가 수박돌이라면 어떻게 할 것인가?

 # 문화교류 주제 다문화 국가 도서 2 – 베트남

베트남 설날 장대이야기

쩐 꾸옥 지음 | 응웬 빅 그림 | 이구용 옮김
정인출판사

2011년 문화체육관광부 우수교양도서

'베트남 동화'를 소개하며 우리나라 동화와 어떤 점이 같고, 다른지 체험해 보는 다문화 동화책입니다. 동아시아는 불교문화의 영향권에 있어 전래동화 속에 불교와 관련되는 이야기가 많이 스며들어 있습니다. 우리나라에는 효녀 심청이가 심봉사를 위해 공양미 300석에 몸을 팔아 인당수에 뛰어들어 심봉사가 눈을 뜨게 되었다는 『심청전』이 있고 일본에는 돌부처를 배려한 나무꾼할아버지는 복을 받고, 위선으로 행동하는 욕심쟁이 할아버지는 벌을 받는다는 『고바야시 데로코 수집동화』 등이 있지요. 이러한 동아시아의 불교관련동화를 통해 각국 종교와 문화를 비교하고 토론해 보고, 더불어 사는 다문화 사회를 느끼고 체험할 수 있다.

어떤 것이 궁금하나요?

베트남 동화와 우리나라 동화 중 비슷한 동화로 어떤 것이 있을까?

토론하고 싶은 내용이 있나요?

동아시아의 종교와 문화에 대하여 이야기해 보자.

5 세계시민 교육 다문화 독서 지도

(1) 세계시민 교육

세계시민은 세계를 하나의 나라로 보고 어느 특정한 나라의 국적에서 벗어나 전체 세계 인류의 구성원으로서의 시민을 뜻한다. 즉, 특정 국가의 국민으로서만이 아니라 인류 공동체의 일원으로서 세계 공동체 의식을 가지고 지구촌 문제 해결을 위해 협력하는 사람을 세계 시민이라고 한다. 현대 사회에서는 어느 한 국가나 특정 지역의 문제라는 식의 사고는 더 이상 의미가 없다. 특정한 사건이나 사고, 문제나 현상이 전 세계적으로 복합적인 영향력을 행사한다는 점에서, 현대 사회의 시민은 지구촌 공동체의 구성원이라는 연대감을 가지고, 세계에서 발생하는 다양한 사안에 관해서 관심과 참여 의식을 가질 필요가 있다. 특히 국제 평화를 추구하고 보편적인 인권 존중의 의식을 함양하는 것은 매우 중요하다.

'시민'이 도시 또는 국가의 구성원으로서 정치적 권리를 지닌 주체를 가리킨다면, '세계 시민'은 세계를 구성하는 개체로서 세계의 모든 인류는 평등하다는 입장을 기본으로 한다. 세계 시민은 어느 특정 국가나 집단의 관점에서 본 시민의 자질에 국한되어서는 안 된다. 대신 국가를 초월한 반성과 참여 및 연대가 강조되어야 한다. 세계 시민은 특정한 이해관계를 초월하여 보편적인 가치를 추구하고 그것을 위해 행동하는 시민성을 갖추어야 한다.

세계는 눈 깜짝할 사이에 많은 변화를 거듭하고 있으며, 지구 반대편에서 일어나고 있는 일들은 꾸준히 인터넷과 다양한 매체를 통해 우리의 안

방에 빠르게 전달된다. 즉 다양한 분야에서 전 세계는 하나의 네트워크로 연결되어 있고, 눈에 보이지 않지만 강력한 영향을 서로 주고받는 것이다.

따라서 전 세계 여러 나라 사람들은 지구촌 공동체의 구성원이라는 연대감을 가지고 세계에서 발생하는 다양한 문제에 관심을 가지고 해결하기 위해 참여하는 태도를 가져야 한다. 특히 국제 평화를 추구하고 보편적인 인권 존중의 의식을 키우는 것은 매우 중요하다.

세계 시민을 양성하는 세계시민교육(Global Citizenship Education)은 인류 보편적 가치인 세계 평화, 인권, 문화의 다양성 등에 대해 폭넓게 이해하고 실천하는 데 목적을 두고 있다. 우리는 세계시민 교육을 통해 전 지구적 관심사를 이해하고, 긍정적이고 발전 가능한 문제 해결점을 찾기 위해 노력하는 자세를 가져야 한다. 세계시민 교육은 전 지구적 문제, 자국의 전통문화 유지, 세계 공동체성으로 구분할 수 있다. 전 지구적 문제 인식은 빈곤, 환경파괴, 빈부격차, 교육, 소년병, 지뢰, 인권유린, 독재, 에너지문제, 여성할례, 여성인권, 청소년 노동, 계급, 에이즈, 다국적 기업의 횡포, 전쟁, 대량학살 등이 있다. 자국의 전통문화 유지로는 독특한 자국의 문화개발, 명맥 유지, 다양성 교육을 통한 자국문화자긍심, 전통문화의 전문가 관리 및 문화 육성 등이 있고, 세계 공동체성으로는 문화의 다양성 인정, 지구촌 시민정신 함양, 지구촌 의식 등을 들 수 있다.

이런 세계시민 교육은 다문화 교육의 핵심 역량 중 하나이다. 그러므로 다문화 교실에서도 세계시민 교육이 진행되어야 하며 교육과정의 개혁과 병행되어야 한다. 교육과정의 개혁은 단일민족 중심적인 관점에서만 기술되었던 기존의 교육내용에 다민족적이고 전 지구적인 관점을 포함하여 다른 사람의 입장에서 사건을 판단할 수 있도록 교육과정이 개편되는 것을 의미한다. 다문화적 역량은 다양한 방식으로 인식하고 생각하고 평가하고 행동할 수 있는 역량을 의미한다. 이 과정에서 중요한 것은 국가 내 그리고 국가 간에 존재하는 문화적 다양성을 이해하고 세계 공동체성으로 조율하는 방법을 학습하는 것이다.

다문화적 역량을 갖춘 사람은 문화적 공감(cultural empathy), 제3세계적 관점(third world persperctive), 타자의 세계관에 대해 이해 할 수 있는 능력을 가진 사람이다(Bennett, 2006). 이와 같이 세계시민 교육의 인식을 다문화교육은 다양한 독서활동과 함께 전개해 나가야 한다.

제2차 세계대전 이후 유엔이 결성된 후 세계의 재난과 파멸을 가져오는 전쟁을 방지하고 국가 간 평화 유지를 위해 유네스코(UNESCO, 국제연합교육과학문화기구)가 설립되었다. 유네스코는 세계의 전쟁을 방지하고 평화를 유지하기 위해 각 나라간의 이해가 우선시 되어야 함을 인식하고, 이를 위해 국제이해교육(Education for Intercultural Understanding)을 실시하였다. 특히 1974년 제18차 유네스코 총회에서 채택된 '국제 이해 협력 및 평화와 인권 및 기본적 자유에 관한 권고'(The Recommendation Concerning Education for International Understanding Cooperation and Peace and Education Relating to Human Rights and Fundamental Freedom)를 통해 국제이해교육의 정당성을 확립하였으며, 이것이 세계시민 교육의 방향이라 할 수 있다.

이 권고문에서는 단순한 국가 간 이해나 협력이란 차원을 넘어 인구, 식량, 자원, 환경, 에너지 등과 같은 전 지구적 문제들의 상호의존적인 측면과 세계 공동체 의식을 강조(이수용, 2004)하며 국제이해교육의 정의를 확대하여 설명하고 있다. 이후 국제이해교육과 관련하여 국제 교육, 세계 교육, 평화 교육 등 다양한 개념이 등장했고, 세계시민 교육의 필요성이 대두된 것이다.

세계시민 교육의 바탕이 된 국제이해교육의 정의를 가장 먼저 구축한 핸베이(Hanvey, 1976)는 국제이해교육은 시각에 대한 자각, 지구 상황에 대한 인식, 문화 간 이해, 세계의 역동적 체제에 대한 지식, 인간의 선택에 대한 지식 강조 교육이라고 말했다. 티에(Tye, 1999)는 국제이해교육은 세계 여러 나라가 공통으로 겪는 세계문제와 세계이슈에 대한 학습 외에 문화, 생태, 경제, 정치, 그리고 기술적으로 상호 연결되어 있는 지구체제에 대한 학습이라고 했다. 그리고 우리와는 문화적 배경이 다른 이웃을 이해하고 인정하며, 타인의 눈과 마음으로 세계를 보고 다른 나라 사람들과 우리와 똑같은 요구와 필요를 가지고 있음을 깨닫게 하는 학습도 포함한다고 정의했다.

따라서 세계시민 교육은 문화 간, 인종 간 상호 연결성이 강조되는 시각을 다문화 학생들과 다문화를 이해해야 할 주류 학생 모두에게 가르쳐야 한다. 세계시민 교육은 하나의 세계, 하나의 지구에서 하나의 인류로 공존 공영할 수 있는 교육이다. 국가 간의 상호의존성을 이해하고 상호 협력함으로써 평화로운 인류의 세계를 이룩하는 데 공헌할 수 있는 교육인 것이다.

 초등

1. 지구가 100명의 마을이라면

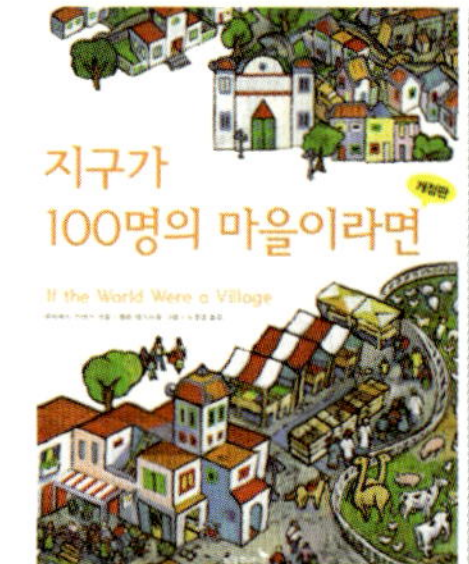

관련 핵심역량

심미적 감성 역량, 공동체 역량, 의사소통 역량

데이비드 스미스 지음 / 푸른숲주니어

어떻게 읽을까요?

1. 내 주변을 비롯한 다른 나라에 관심을 가지며 읽어요.
2. 다른 나라의 문제는 나와 어떤 관계가 있을지 생각하며 읽어요.
3. 지구에 사는 모든 나라와 사람들은 이웃이라는 마음으로 읽어요.
4. 모두가 협동해야 지구촌의 문제를 해결할 수 있다는 마음으로 읽어요.

어떤 내용일까요?

　지구의 인구는 얼마나 될까요? 「지구가 100명의 마을이라면」은 전 세계 인구를 100명이라고 상상하고, 100명이 사는 지구촌 마을 사람들의 다양한 생활 모습을 소개해 줍니다.
　지구 마을 사람 100명 가운데 60명은 아시아, 15명은 아프리카, 10명은 유럽, 9명은 남아메리카와 중앙아메리카, 5명은 캐나다와 미국, 1명은 오세아니아에서 왔습니다. 이 중 한국에서 온 사람은 단 1명입니다. 지구 마을에는 대략 6,000개의 언어가 있지만, 사람들의 반 이상은 8개 언어 중 하나로 말합니다. 그리고, 지구 마을의 인구는 점점 어린이의 수가 줄고 나이 많은 어른의 수가 늘고 있습니다. 그 외 지구 마을의 종교, 식량, 공기와 물, 학교와 일, 에너지 등에 대해서 「지구가 100명의 마을이라면」을 보며 알아봅시다.

2. 지구촌 곳곳에 너의 손길이 필요해

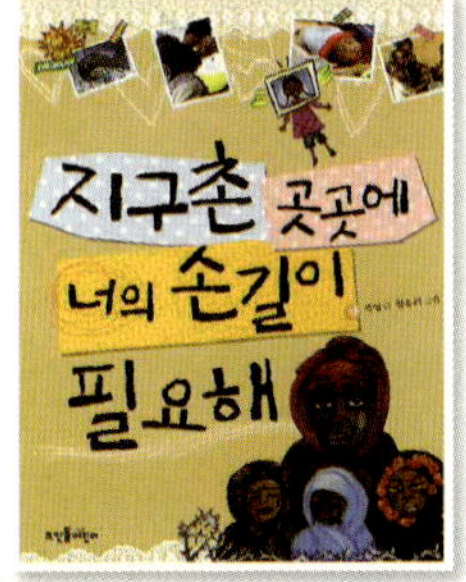

관련 핵심역량

자기관리역량, 의사소통 역량, 공동체 역량

예영 지음 / 황유리 그림 / 뜨인돌어린이

어떻게 읽을까요?

1. 세계의 여러 나라들이 어떤 연관성을 가지며 살아가고 있는지 생각하면 읽어요.
2. 나의 작은 행동 하나하나가 다른 나라에 사는 사람들에게 어떤 영향을 미칠지를 생각하며 읽어요.
3. 세계시민으로서 세계의 발전을 위해서 어떤 점을 노력해야 하는지 생각하며 읽어요.

어떤 내용일까요?

　전쟁, 기아, 자연재해 절망 속에서 살아가는 지구촌 사람들의 어려운 현실을 바탕으로 구성한 창작 동화입니다. 이야기를 통해 세계 곳곳의 어려움에 처한 사람들에게 도움의 손길을 주고 있는 국제 협력 기구들과 전 세계 자원봉사자들에 대해 소개합니다. 세계 협력 기구들의 활동 모습뿐 아니라 우리 주변에서 벌이고 있는 다양한 캠페인을 소개하고 있습니다.

　사회적 약자인 아동과 여성의 인권을 지켜 주고, 지구 온난화의 심각성을 알리고, 자연재해나 전쟁으로 인해 다친 사람들을 구호하고, 기아와 빈곤을 없애고자 모금 활동을 펼치는 등 지구촌에 문제가 생길 때마다 발빠르게 도움의 손길을 뻗치는 생생한 활동 모습을 보며 어린이들은 국경, 인종, 종교를 초월하여 지구촌 사람들의 어려움과 고통을 함께 나누는 세계시민의식에 대해 배우게 될 것입니다.

1. 왜 세계의 절반은 굶주리는가?

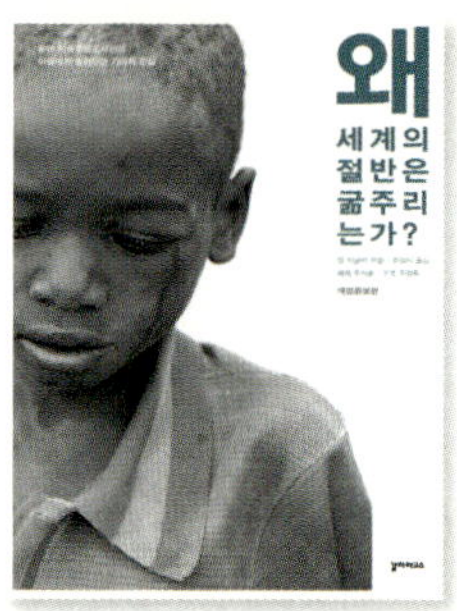

관련 핵심역량

자기관리역량, 심미적 감성 역량,
의사소통 역량, 공동체 역량

장 지글러 / 갈라파고스

어떻게 읽을까요?

1. 왜 세계의 절반은 식량이 과다하여 비만현상이 일어나고, 세계의 절반은 기아로 고통 받을까요? 그 원인이 무엇인지 찾아보며 읽어요.
2. 기아는 자연도태나 어쩔 수 없는 운명일까요? 책을 읽기 전과 읽은 후의 생각을 비교하며 읽어요.
3. 기아와 질병으로 고통 받는 세계 각국의 사람들을 생각해보며 그들을 위해 어떤 해결책을 제시할 수 있는지 생각하며 읽어요.

어떤 내용일까요?

인간의 사고와 행동은 세계에 어떤 영향을 미칠 수 있을까? 지구상 120억의 인구가 먹고도 남을 만큼의 전 세계적 식량 과잉 생산 시대인데 하루에 10만 명이 굶어죽어 가고 있는 국제적 기아 문제를 심도 있게 조명하고 있다.

언론에서 말하지 않는 기아의 진실과 원인을 엄밀하지만 결코 인도주의적 시각을 잃지 않는 장 지글러의 시선으로 파헤친다. 세계 곳곳에서 발생하는 기아가 극복되고, 불평등한 구조를 뛰어넘어 인류가 연대하고 서로 돕는 구조를 만들기를 희망하는, 사회구조사이에 녹아있는 빈곤과 불평등의 뿌리를 파헤치는 책.

2. 십대를 위한 세계화 이야기

관련 핵심역량

공동체 역량 / 자기관리역량 /
심미적 감성 역량 / 의사소통 역량

앤드레 푸르상 글, 유정희 옮김 / 십대를 위한 세계화 이야기 /
주니어 김영사

어떻게 읽을까요?

1. 미래 사회로 갈수록 '세계화'의 흐름은 계속 이어질 수 있는지 생각해보며 읽어요.
2. 세계화의 확산으로 인하여 지구촌 가난한 나라들에게 오히려 비참한 상황을 가중시키는 부작용은 없는지 생각해보며 읽어요.
3. 지구 환경의 재앙에서 벗어날 수 있는 길과 세계화의 관계에 대하여 생각해보고, 세계화에 동참하려면 현재 필요한 것이 무엇인지 생각해보며 읽어요.

어떤 내용일까요?

아버지와 딸이 대화를 나눈다. 그런데 그 내용은 사뭇 진지하다. 때로는 깊은 성찰을 바탕으로 우리 사회의 다양한 모습에 대한 현재와 미래, 그리고 세계 중심으로의 여행을 펼친다.

이 책은 이야기하는 방식으로 세계화에 대한 작가의 독창적인 관점을 보여주고 있다. 경제학자인 작가의 철학적 배경을 바탕으로 복잡하고 어려운 사회현상과 자유로운 상품과 재화의 교류인 세계화에 대하여 알기 쉬우면서 편한 대화체 형식으로 풀어나가고 있다. 세계화는 전진을 멈추지 않을 거란 믿음으로 끊임없이 상호작용하는 국제기구들과 NGO들, 기업들을 포함한 많은 국가들이 공통된 한 방향을 지향하는 사회 보편적인 흐름이 있다는 사실을 언급하고 있다. 전체 21개의 Chapter로 구성되어 있는 이 책은 세계는 필연적인 국제 문호를 개방하여 국제적인 경제시장이 자유 무역으로 얻는 이로움이 많다는 점을 역설하지만, 치열해진 경쟁으로 빈곤이 가속화되고 문화나 자연이 훼손되는 단점도 있다는 사실을 통해 균형 잡힌 시각의 필요성에 대해서도 밝히고 있다.

(3) 독서활동을 통한 세계시민 교육

한국전쟁 때 '6 · 25 피란민 학교'를 세웠던 터키에 우리나라가 시리아 난민 아동을 위한 학교를 열었다. 이슬라히예 난민학교는 한국이 직접 지원해 신설한 시리아 난민 학교 4곳 가운데 하나이다. 터키에 유엔아동기금(유니세프) 차원의 간접 지원에 그치지 않고 직접 지원으로 시리아 난민학교를 세운 나라는 벨기에와 뉴질랜드에 이어 우리 한국이 세 번째 나라이다.

우리나라는 1950년 한국전쟁을 겪었지만 터키 등 여러 나라의 도움으로 전쟁을 극복하고 지금의 안정된 나라를 만들 수가 있었다. 통일을 앞두고 탈북자가 늘어나는 우리나라는 시리아 난민 사태를 남의 일로 여기지 않아야 한다. 우리나라가 교육으로 전쟁의 폐허로부터 세계적인 국가로 도약했듯이 시리아도 교육으로 내전을 극복하길 바라며 시리아 난민학교를 세우고 아이들을 가르치고 있다.

아프리카 부족에 대해 연구 중이던 어느 인류학자가 한 부족 아이들을 모아놓고 게임 하나를 제안했다. 나무 옆에 싱싱하고 달콤한, 아프리카에선 보기 드문 딸기가 가득 찬 바구니를 놓고 누구든 먼저 바구니까지 뛰어간 아이에게 과일을 모두 주겠노라고 했다. 인류학자의 예상과는 달리 그의 말이 통역되어 아이들에게 전달되자마자 아이들은 마치 미리 약속이라도 한 듯 서로의 손을 잡았다. 그리고 손에 손을 잡은 채 함께 달리기 시작했다. 그리고 아이들은 바구니에 다다르자 모두 함께 둘러앉아 입 안 가득 과일을 베어 물고 키득거리며 재미나게 나누어 먹었다.

인류학자는 아이들에게

"누구든 일등으로 간 사람에게 모든 과일을 주려 했는데 왜 손을 잡고 같이 달렸느냐”라고 물었다.

그러자 아이들의 입에선 “우분투(UBUNTU)”라는 단어가 합창하듯 쏟아졌습니다.

‘우분투(UBUNTU)’는 아프리카 코사(Xhosa)어로 ‘우리가 있기에 내가 있다’라는 뜻이다.

그리고 한 아이가 이렇게 덧붙였다. “나머지 다른 아이들이 다 슬픈데 어떻게 나만 기분 좋을 수가 있는 거죠?”

위의 두 편의 이야기를 읽고 이야기를 나누어 보자. 어떤 생각이 떠오르는가? 어떤 주제어가 떠오르는가? 한국전쟁 때 우리를 도왔던 터키에 우리가 그들을 위해 시리아 난민 학교를 세웠다. 나중에 시리아가 잘 살게 되면 북한을 위해 학교를 세울 수도 있을 것이다. 지구촌 세계에서 부를 나누는 활동이 매우 아름답다.

아프리카 부족의 이야기는 이기주의, 자국 중심주의 가치관이 팽배한 현 세대에 경종을 주는 이야기다. 아프리카 어린 아이들에게 세계시민 교육을 받은 것이다. 세계 청소년 봉사의 날처럼 우리도 세계시민으로서 아름답게 살아갈 수 있었으면 한다.

우리가 사는 세상은 혼자가 아니라 모두가 더불어 살아야 더 행복할 수 있다. 세계시민으로서 우리도 서로를 돕고 이해하는 사람이 되어야 할 것이다. 그것을 실천하는 행동 중에 하나가 자원봉사이다. 우리가 살아가는 공동체가 조금 더 진보하고 발전하도록 다수자 주류 사회와 소수 다문화 모두가 함께 노력하고 실천할 수 있어야 한다.

아래 세 권의 책에서도 우리는 세계시민 교육의 필요성을 확인할 수 있다. 『지구가 100명의 마을이라면』이라는 이 책은 전 세계 인구를 100명이라고 상상하고, 100명이 사는 지구촌 마을 사람들의 다양한 생활 모습을 소개해 준다. 지구 마을 사람 100명 가운데 60명은 아시아, 15명은 아프리카, 10명은 유럽, 9명은 남아메리카와 중앙아메리카, 5명은 캐나다와 미국, 1명은 오세아니아에서 왔다. 이 중 한국에서 온 사람은 단 1명이다. 지구 마을에는 대략 6,000개의 언어가 있지만, 사람들의 반 이상은 8개 언어 중 하나로 말한다. 그리고 지구 마을의 인구는 점점 어린이의 수가 줄고 나이 많은 어른의 수가 늘고 있다.

이 책에서 지구 마을의 종교, 식량, 공기와 물, 학교와 일, 에너지 등에 대해 어떤 이야기가 전개될까? 세계시민으로서 이 책을 읽고 자신의 생각을 펼쳐보며 미래 사회를 함께 준비하는 자세를 배울 수 있을 것이다.

『세계를 바꾼 착한 초콜릿 이야기』는 우리가 즐겨 먹는 초콜릿 이야기이다. 오늘 우리가 구매한 초콜릿의 값은 어떻게 책정된 것일까? 그중 초콜릿의 주재료인 카카오를 재배한 농민에게 돌아갈 수익은 얼마나 될까? 그 값은 과연 정당한 것일까? 맛 좋은 초콜릿에 지불한 돈이 세상을 보다 건강하고 행복하게 만들어 줄 수 있다면 이것이야말로 '착한 소비'라고 말할 수 있다. 이 책은 환경 파괴도, 노동력 착취도 없는 공정한 세상을 만들기 위한 '공정무역' 이야기를 일곱 편의 동화로 담았다. 축구공을 만드는 파키스탄 아이들의 이야기부터 코트디부아르의 카카오 · 에콰도르의 바나나 · 니카라과의 커피 · 인도의 목화 농장, 네팔로 떠난 공정여행, 우리나라의 공정무역 상점 이야기까지. 공정무역으로 더 밝고 행복한 미래를 꿈꿀 수 있게 된 일곱 국가 어린이들의 이야기에 귀 기울이다 보면 모두가 잘살기 위한 건강한 지구, 공정한 분배의 가치를 깨닫게 된다.

『지구촌 곳곳에 너의 손길이 필요해』이 책에서 카카오 농장에서 일하는 마리암은 아동 노동을 하고 있다. 유니세프 한국위원회에 따르면 인도 소년 다모르(13)는 열 살이 되던 해 학교를 그만두고 집을 떠나 면화공장에 들어갔다고 한다. 다모르는 매일 오전 4시에 일어나 아침도 먹지 못하고 하루 14시간의 고된 노동을 한다. 다모르는 일이 끝나면 배급 받은 밀가루만으로 저녁식사를 해결해야만 했다. 다모르는 돈이 없이 농장에 들어와 농장주에게 빚을 졌다. 그는 얼마나 많은 돈을 갚아야 하는지도 모른 채 일을 시작했고 3개월간 꼬박 일을 한 후 겨우 1000루피(한화 12000원 상당)만 손에 쥘 수 있었다. 국제노동기구는 17세 이하 어린이 가운데 약 2억 4천 만 명의 어린이가 노동에 시달리고 있다고 한다. 많은 사람들이 아동노동을 반대한다. 하지만 다모르는 너무 가난해서 당장 그 일이 아니면 먹고 살기도 힘들다. 그 일이 아니면 굶어 죽거나 구걸을 해야 한다. 게다가 볼리비아라는 나라는 10세 어린이 노동을 합법화하고 있고 아동노동을 인정하는 사람들도 있다.

이 책을 읽으며 우리는 아동노동에 대해 생각해보게 된다. 나아가 지구촌 기아와 분배, 평화와 공존에 대해서도 관심을 갖게 된다. 바로 세계시민으로서의 우리의 자세를 인식하게 된다. 다문화 교육은 바로 이런 세계시민 교육이 중요한 교육적 가치이나 내용이 되어야 한다. 그리고 이런 세계시민 교육을 관련 독서활동을 통해 지속적으로 익히고 토론을 통해 공유하고 실천적인 적용을 학습하게 된다.

진흙쿠키, 꿈과 희망을 구워요!
노경실 지음 | 김윤경 그림 | 담푸스 | 2013

아이티 어린이의 꿈을 지켜 주세요!

세계에서 가장 가난한 나라, 아이티에 사는 주인공 시엘은 의사가 되고 싶다는 간절한 꿈이 있습니다. 의사가 되어 두 다리를 잘 쓰지 못하는 엄마를 치료해 주려고 하는 것이지요. 지진 후 돈을 벌기 위해 진흙과 버터를 섞어 만든 진흙 쿠키를 팔게 되었지만 씨엘은 꿈을 잃지 않았습니다. 이루고 싶은 희망을 진흙 쿠키 속에 담아 정성껏 만든다면, 언젠가는 꿈을 이룰 수 있다고 믿으니까요

『진흙 쿠키, 꿈과 희망을 구워요!』 통해 우리나라 어린이들이 이런 환경에 처한 나와 같은 또래의 아이들이 지구의 다른 한편에서 살고 있다는 것을 알게 되는 계기가 될 것입니다.

● 좋아하는 간식을 들어보자. 진흙쿠키 먹어본 적이 있는가?

● 세계 모두가 기아에서 벗어나기 위한 방안으로 어떤 것이 있을까?

파란 티셔츠의 여행

비르기트 프라더 글 | 비르기트 안토니 그림
엄혜숙 옮김 | 담푸스

우리가 자주, 편하게 입는 티셔츠를 통해 옷이 만들어지는 과정을 알려주는 지식 정보책 뿐만 아니라 공정무역의 의미, 열린 눈으로 보는 세계관, 사회문제와 함께 나눔의 메시지도 전달하는 그림동화. 서로 물건을 사고 팔 때 불공평함을 바꿔나가고 올바른 대가를 지불하는 착한 거래 방식인 공정무역 개념을 따뜻한 글과 그림으로 어린이 눈에 맞춰 풀어낸 책이다. 목화가 파란 티셔츠로 만들어져서 여자 아이에게 오기까지의 과정을 통해 밭과 공장에서 일하는 사람들의 모습, 아이들도 학교에 가는 대신 일을 해야 생계를 유지할 수 있는 내용과 사람들이 열심히 일하지만 그 대가로 정당한 값을 받지 못하고 있다는 현실을 보여준다.

○ 착한 커피에 대해 들어본 적이 있는가?

○ 공정무역에 대해 아는 대로 이야기해 보자.

○ 세계 시민이 모두 행복한 사회를 위해 할 수 있는 일을 나누어 보자.

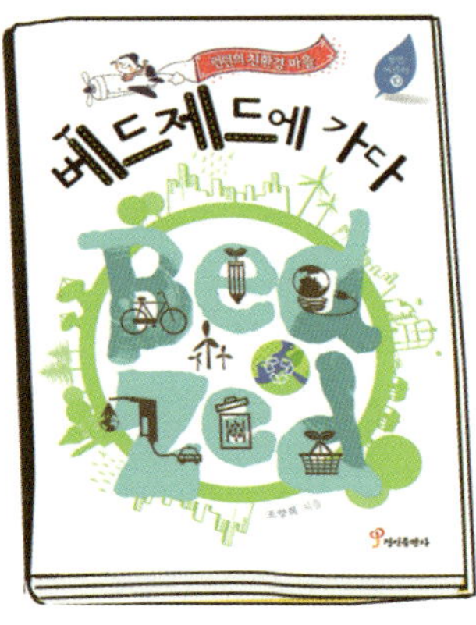

베드제드에 가다

조양희 지음 | 정인 출판사 | 2014

진호는 엔지 아주머니의 초대를 받고 어머니와 함께 영국 런던 근교에 있는 마을 베드제드BedZed를 방문합니다. 베드제드 마을은 에너지 제로를 위해 친환경적인 건축방식으로 집을 짓고, 환경오염을 줄이기 위해 재활용 생활문화를 실천하고 있는 곳이었습니다.

베드제드 마을의 건축물과 생활문화를 한국의 그것과 비교하면서 친환경적인 생활이란 무엇인지, 환경을 보존하고 그 속에서 공존하기 위해서는 어떤 태도를 지녀야 하는지 이야기합니다. 세계와 환경이라는 측면에서 우리가 진정 관심을 가지고 아이들에게 가르쳐야 할 것이 무엇인지 돌아보게끔 해주고 있습니다.

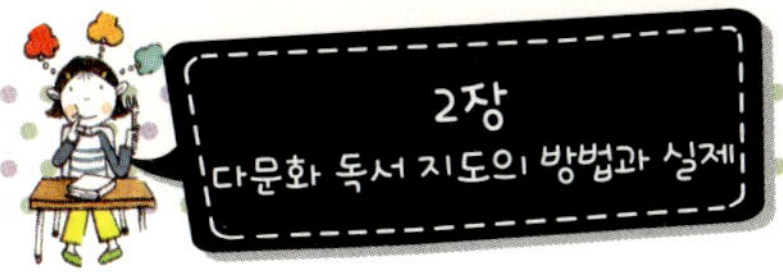

● 어떤 것이 궁금하나요?

- 친환경적으로 집을 짓는 것은 어떻게 짓는 것일까?
- 우리나라는 어떻게 친환경적인 집을 짓고 있을까?

● 토론하고 싶은 내용이 있나요?

환경을 보호하고 공존하는 방법으로 어떤 것이 있을까?

긴 수염 할아버지

치완 위사사 지음, 그림 | 정인출판사 | 2014

긴 수염 할아버지는 태국에서 만들어진 동화입니다. 처음에 거추장스럽고 불편하게 느껴졌던 할아버지의 긴 수염은, 할아버지가 수염과 함께 살아가야겠다고 생각하자 소중한 존재로 바뀝니다. 이 이야기는 '다문화'가 할아버지의 '수염'과 같은 존재가 될 수 있다는 것을 뜻합니다. 다문화라는 것이 아직 우리에게 낯설게 느껴질 수 있지만, 조금만 생각을 달리하면 다문화란 불필요한 것이 아니라 우리 사회에서 꼭 필요한 태도와 덕목임을 깨달을 수 있고, 세계시민으로서 서로를 대하는 태도를 생각해보게 한다.

○ 어떤 것이 궁금하나요?

다문화를 이해하는 데 불편한 점은 무엇이 있을까요?

○ 토론하고 싶은 내용이 있나요?

다문화를 잘 이해하는 방법을 이야기해 볼까요?

6 상호협력 교육 다문화 독서 지도

(1) 상호협력 교육

상호협력의 사전적 의미는 상대가 되는 이쪽과 저쪽 모두 서로 돕는 마음으로 힘을 모은다는 뜻이다. 오늘날은 개인과 개인 간의 협력뿐만 아니라 국가 간의 교류를 통한 상호협력이 중심이 되는 시대이다. 국가도 국제 사회를 떠나 고립된 상태로는 존재할 수 없다.

국제 사회는 교통, 통신, 정보 산업의 발달과 경제 문화의 교류 증대로 지역 간의 거리가 좁아지고 세계가 하나의 지구촌으로 변해가고 있다. 그러나 인류 생존을 위협하는 핵 확산 문제, 환경오염 문제, 자원의 개발과 무역을 둘러싼 이해의 대립 등이 날로 심각한 국제 문제로 대두되고 있다. 이러한 지구적 차원의 문제들을 해결하고 세계 평화와 인류 공존의 번영을 위해서는 그 어느 때보다도 상호협력과 이해의 필요성이 절실히 요구된다. 특히 우리나라는 지리적인 위치와 현재의 정치, 경제적 여건으로 보아 국제화와 국제 협력은 지구촌의 어떤 나라보다도 더욱 절실히 필요한 상황이다.

오늘날의 국제 사회는 국가 간에 긴밀한 협력 관계를 유지하려는 노력을 계속하고 있다. 이는 국가마다 자원과 인구의 분포가 다르고, 산업 구성과 경제 발달 정도, 과학 기술 및 문화 수준에 차이가 있으므로 국가 간의 상호협력을 통하여 서로 필요한 것을 보완할 수 있기 때문이다. 최근에는 국제 경제의 개방화 추세와 더불어 각국이 자기 나라의 경제적 이익을 위한 경제 협력 기구의 활동을 강화시켜 나가고 있다.

세계의 거의 모든 나라가 회원국으로 가입한 국제 연합은 오늘날 세계 최대의 국제적 정치 · 경제 · 문화 기구로 발전하고 있다. 국제연합은 전쟁

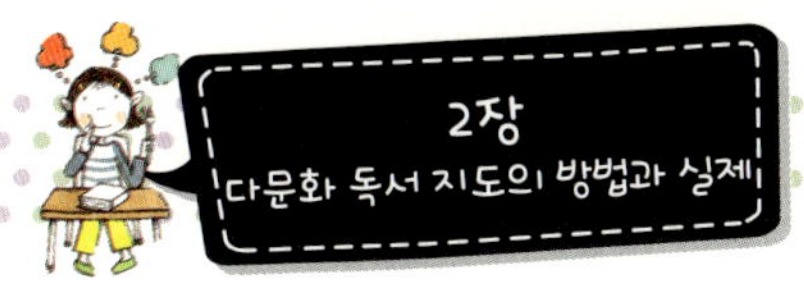

억제와 평화유지에 큰 성과를 남겼으며, 제3세계 국가들의 정치적 지위를 향상시키고, 개발도상국의 경제성장에 이바지하고 있다. 또한 국제 평화와 안전의 유지, 국가 간의 우호 증진, 정치, 경제, 사회, 문화 등에 걸친 문제의 해결과 협력을 위해 안전 보장 이사회, 유엔 교육 과학 문화 기구(UNESCO), 세계 보건 기구(WHO), 세계 식량 농업 기구(FAO), 국제 원자력 기구(IAEA), 세계 무역 기구(WTO) 등 많은 산하 기구를 운영하고 있다.

이처럼 오늘날에는 사람의 이동이 대규모로 그리고 전 지구적으로 이루어지면서, 이에 대한 대처가 일개 국가의 범위를 벗어나고 있으며, 글로벌 차원에서의 다양한 국제 상호협력의 파트너십이 강조되고 있다. 자국의 경제적 발전을 기저로 한 경제 협력뿐만 아니라 문화다양성의 수호를 위한 문화 협력 또한 주목해야 한다.

유네스코의 문화 협력은 인간존중, 표현 및 의사소통의 자유, 접근 및 선택의 자유, 문화의 평등한 존엄성의 원리, 국제적인 공조 및 연대의 원리, 지속적인 확대의 원리, 문화상품에 대한 자유무역의 원리를 지향한다. 또한 문화 협력은 평등한 문화를 누리는 권리이자 나누어야 하는 의무적 행위가 된다. 특히 의무적 행위가 이상적이고 가치 있는 이유는 이러한 협력이 공감과 연대의 가치를 몸소 체험하고 실현하는 활동이기 때문이다. 마지막으로 인간의 문화 협력은 경제적 번영의 기초가 되고, 삶의 질을 높이는 풍토의 기초가 된다. 문화 협력을 통해서 문화콘텐츠의 질을 높이고 문화산업을 발전시키며, 문화 협력을 통해서 서로 다른 고유한 문화들이 교차되고 전파되어 개인들의 삶을 풍성하게 만들기 때문이다.

다문화 사회는 다양한 인종과 언어, 그리고 문화가 어우러져 문화의 융성과 다채로움을 이루는 사회이다. 상호 발전을 위한 각국의 협력적 자세와 문화의 활발한 교류를 통해 문화사대주의를 경계하고 다양성을 추구해 나가야 할 것이다.

(2) 상호협력 교육을 위한 선정 도서

 **초등**

1. 너랑 짝꿍하기 싫어

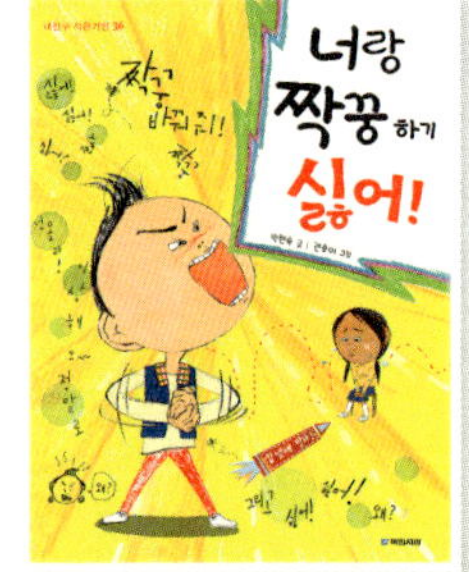

관련 핵심역량

자기관리 역량, 심미적 감성 역량,
의사소통 역량, 공동체 역량

박현숙 지음 / 권송이 그림 / 국민서관

어떻게 읽을까요?

1. 피부색 때문에 차별받는 산다라의 마음이 어떨지 생각하며 읽어요.
2. 피부색이 다르다고 차별하는 행동이 잘못된 행동임을 생각하며 읽어요.
3. 사람은 서로 돕고 사는 존재임을 기억하며 읽어요.

어떤 내용일까요?

산다라는 필리핀에서 온 아이입니다. 얼굴이 까무잡잡하고, 말할 때도 더듬거려요. 대식이는 산다라와 짝이 된 것이 불만입니다. 하지만 엄마가 일하는 튀김 가게에 외국인 손님이 왔을 때, 산다라가 영어를 잘하는 모습을 보며 호감을 갖게 되었어요. 어느 날 대식이는 산다라와 역할극 연습을 하러 가던 길에 친구들을 만났어요. 산다라에게는 먼저 학교에 가라고 말하고 자기는 축구 시합을 합니다. 대식이는 시합을 끝내고 산다라와의 약속을 잊은 채 집으로 돌아갑니다. 집에 가서야 이 사실이 생각났어요. 대식이는 깜짝 놀라 학교에 달려갔습니다. 컴컴한 복도에서 산다라가 역할극 연습을 하고 있었습니다. 대식이는 미안했지만 미안하다는 말은 하지 못했어요. 역할극을 준비하고, 직접 하는 과정에서 둘은 친구가 되었습니다.

2. 이웃의 이웃에는 누가 살지?

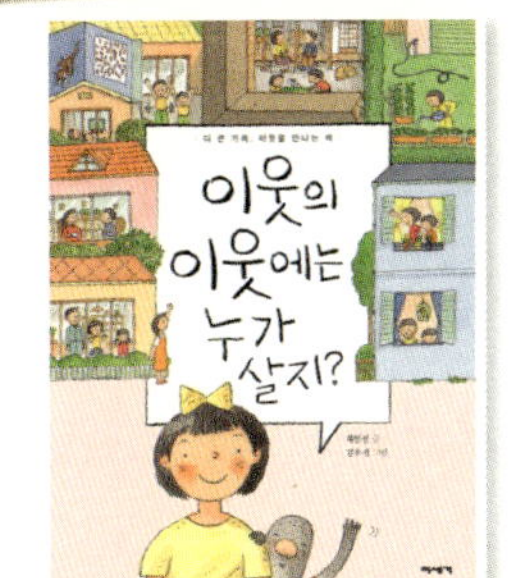

관련 핵심역량

심미적 감성 역량, 의사소통 역량, 공동체 역량

채인선 글 / 김우선 그림 / 미세기

어떻게 읽을까요?

1. 이웃의 이야기를 통해 '다양성'에 대해 생각하며 읽어요.
2. 이웃은 우리 가족보다 더 큰 가족이며, 다양한 문화를 가진 사람들이 상호협력하며 살아가는 것이 얼마나 중요한 것인지 되돌아보아요.
3. 생활 속에서 상호협력을 실천하기 위해 어떤 노력을 할 수 있는지 다시 생각하며 읽어요.

어떤 내용일까요?

　더 큰 가족, 이웃을 만나는 책! 현대 사회가 되면서 삶의 모습이 다양해지고 있습니다. 가족을 이루는 형태도 다양하고, 주말을 보내는 방법도, 집에서 지키는 규칙도, 부모님의 직업도, 좋아하는 음식도, 집 안 분위기도 모두 다릅니다. 이 책은 이웃들이 살아가는 모습을 보면서, "다양성"을 배우고, 우리 가족 또한 그 다양함의 한 부분이라는 점을 배우는 책입니다. 또한, 이웃끼리 지켜야 하는 배려와 예절을 알려 주면서, 이웃의 의미와 공동체 정신의 중요성을 알려줍니다.

2. 페스트

관련 핵심역량

심미적 감성 역량, 의사소통 역량, 공동체 역량

이태석 / 생활성서사

어떻게 읽을까요?

1. 인류의 생존에서 상호협력이 얼마나 중요한지 생각하며 읽어요.
2. 생활 속에서 상호협력을 실천하기 위해 어떤 노력을 할 수 있는지 다시 생각하며 읽어요.

어떤 내용일까요?

이태석 신부가 8년여 동안 톤즈에서 겪은 일화와 느낌을 글로 엮은 책이다. 총 24편의 글이 실려 있다.

'별난 여아 선호사상' 편은 남수단의 여아 선호 분위기를 다룬다. 여성 우대 분위기일 것이라는 예상과 달리 여성이 착취 대상으로 취급된다는 사실을 비판적으로 소개한다.

'컨테이너 소동'은 남수단 사회가 내전으로 피폐해진 상황을 소개한다.

'아주 특별한 여행'은 아이들로 구성된 톤즈 마을 브라스밴드의 활동을 소개한다. 밴드 결성과정과 활약상을 담고 있다.

'기브 미 어 펜!'은 열의를 갖고 배우려는 아이들 이야기다. 먹을 것보다 공부에 더 굶주린 아이들을 보며 감동을 한 사연이다.

'무관심은 직무 유기'는 인간적인 협력을 가로막는 무관심을 비판적으로 논했다. 특히 자본주의 사회가 만들어낸 '정당화되어 버린 무관심'이 몰고 오는 문제점을 지적했다.

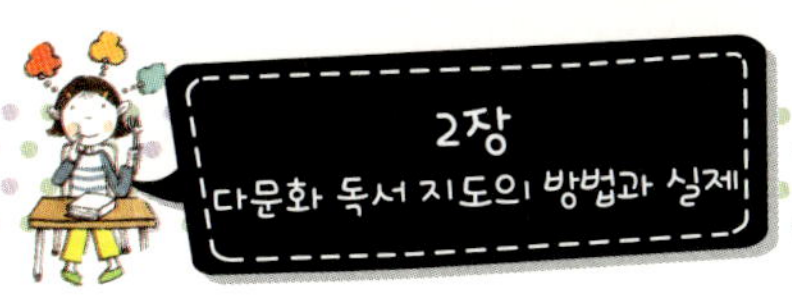

2. 페스트

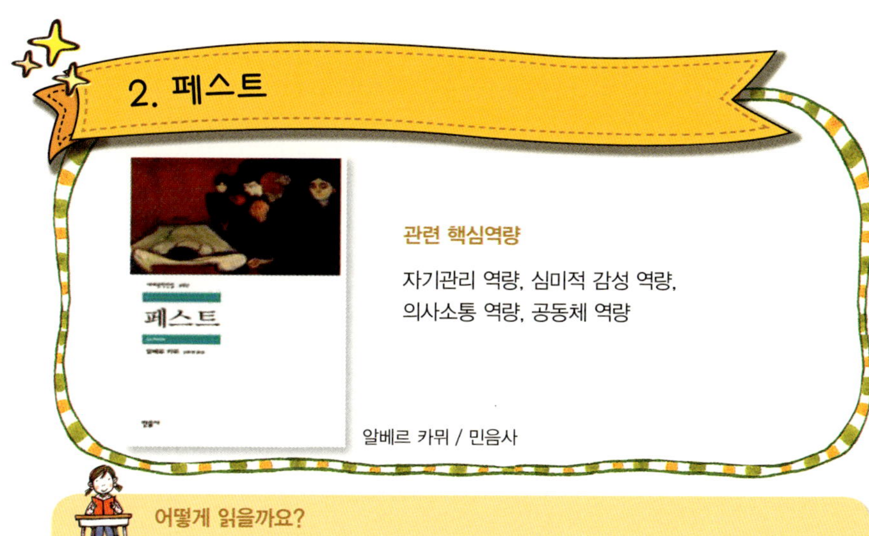

관련 핵심역량

자기관리 역량, 심미적 감성 역량,
의사소통 역량, 공동체 역량

알베르 카뮈 / 민음사

어떻게 읽을까요?

1. 내가 사는 곳에 전염병이 돈다면 나는 어떻게 행동할지 상상하며 읽어 보아요.
2. 재앙에 맞서 함께 협력한다는 말의 의미는 무엇인지 생각하면서 읽어요.
3. 누가 나와 가장 비슷한지 생각하며 읽어 보아요.

어떤 내용일까요?

　노벨문학상 수상자 알베르 카뮈의 소설이다. 페스트 발생으로 인해 죽음의 공포가 휩쓴 알제리의 오랑시를 배경으로 이야기기 시작된다. 오랑이라는 폐쇄된 도시에서 페스트에 맞서 싸우는 다양한 인간들의 모습을 통해, 인간의 존엄성을 일깨우고 더 나아가 죽음 앞에서의 공동 운명체라는 주제를 강조함으로써 연대의식, 참여의 문제를 야기시킨 작품이다.

　이 책은 성실한 의사 리우를 중심으로 맹렬한 방역활동을 벌인 결과, 드디어 페스트에서 해방될 때까지 참담한 10개월간의 시민의 혼란과 고통, 그에 대한 각자의 반응을 기록 형식으로 잘 묘사하였다.

　이 책은 '인생의 부조리와 끝없는 싸움'이라는 작가의 중심사상을 전개한 것이며, 사건은 간결한 기록체 문장으로 사실적으로 그려져 있다. 여기에 그려진 페스트는 인생의 근원적 부조리, 인간 그 자체의 약함과 악덕, 정치악 등을 상징적으로 나타내고, 추상성을 가진 서술이 상징성을 더욱 부각시키고 있다.

(3) 독서활동을 통한 상호협력 교육

　다문화사회에서 상호협력이란 개인과 개인, 집단과 집단 간의 협력만을 의미하는 것이 아니라 국가 간의 긴밀한 협력 관계를 유지하려는 노력까지 포함한다. 이는 국가마다 자원과 인구의 분포가 다르고, 산업 구성과 경제 발달 정도, 과학 기술 및 문화 수준에 차이가 있으므로 국가 간의 상호협력을 통하여 서로 필요한 것을 보완할 수 있기 때문이다. 최근에는 국제 경제의 개방화 추세와 더불어 각국이 자기 나라의 경제적 이익을 위한 경제 협력 기구의 활동을 강화시켜 나가고 있다. 학생들은 상호협력을 주제로 한 독서활동을 통해 국제사회에서의 협력의 중요성을 이해하고, 국제기구 및 체제에 대한 정보를 바탕으로 자신의 역할과 비전을 세워나갈 수 있다.

　『국제기구와 과학·기술 협력』이란 책은 국제전기통신연합(ITU)과 세계기상기구(WMO), 국제해사기구(IMO), 세계지적재산권기구(WIPO), 국제원자력기구(IAEA)의 성립 배경과 발전과정 그리고 그 기능을 밝히고, 대한민국과의 관계와 우리의 역할에 대해 논의하고 있다. 과학기술의 발전과 더불어 진행된 통신과 교통수단의 진보는 국경을 가로지르는 인적 접촉을 쉽게 하였고, 이는 궁극적으로 국제사회를 출현시킨 배경이 되었다. 이러한 인적 교류의 확대와 상호 경쟁은 국제기구의 발전으로 이어졌다. 즉, 과학기술의 발전은 양면성을 갖고 있어서 한편으로는 국가와 사회의 발전에 기여하지만, 다른 한편으로는 그로부터 파생되는 여러 가지 관리적 문제를 발생시킨다. 예를 들면, 과학기술의 진보는 인류의 기후변화에 대한 적응을 돕고, 일상생활의 편의를 높여준다. 하지만 동시에 이러한 과학기술의 진보는 선후진국 간의 격차를 더욱 더 크게 만들고, 기술발전과 그로부터 파생되는 이익을 둘러싼 치열한 경쟁을 발생시킨다. 따라서 이러한 경쟁을 공정하게 관리하기 위해서 협력을 통해 국가 간 기준을 통합시키고, 상이한 국가이익을 조율하는 것이 반드시 필요하게 된다. 일반적으로 세계 각국은 자국의 표준, 자국에게 유리한 관행, 자국의 이익을 국제사회로 투영하고자 하기 때문에 과학기술 분야에서도 이를 관리하는 국제기구의 역할은 매우 중요하다. 국제기구의 실제적인 역할과 그로 인해 파생되는 현상들에 대한 독후활동을 통해 '상호협력'의 가치를 이해할 수 있도록 지도할 수 있다.

다음으로는 국제개발협력 NGO의 현장 활동 이야기를 담은 『꿈꾸는 개발협력? 꿈 밖의 현장!』이란 책이다. 반세기 만에 최빈국에서 오늘의 경제성장을 이룩한 우리나라는 국제개발에서 몇 안 되는 성공적 사례로 받아들여지고 있다. 게다가 OECD 개발원조위원회(OECD/DAC)의 회원국이자 G20과 부산 세계원조총회의 의장국으로서, 국제규범에 부합하는 사업수행에 대한 국제사회의 기대가 높아지고 있다. 이러한 기대에 부응하듯이 한국국제협력단과 같은 공적기관뿐만 아니라 다양한 시민사회단체 및 민간기업들도 개발도상국의 경제·사회 발전에 기여하고 있다.

『꿈꾸는 개발협력? 꿈 밖의 현장!』은 NGO 활동가들의 현장 경험을 묶어 낸 책으로 그들이 수많은 시행착오를 거쳐 얻어낸 교훈과 조언 등을 기록물로 남김으로써 NGO 활동가들의 역량 강화에 미흡한 점을 보완하고자 한다. 서로의 성공과 좌절, 보람과 실망을 공유하는 것만큼 역량 강화를 하는 데 좋은 것은 없다는 생각에서이다. 또한 실무자들과 NGO 활동가들의 입에서 입으로만 전해지던 현장에서의 아픔과 번뇌, 명과 암의 경험담을 솔직하게 들려주어 개발협력이 장밋빛 그림만을 그려서는 안 된다는 점, 그리고 현장이 화려하거나 녹록하지 않으며 이론은 이론일 뿐 늘 모두가 행복한 해피엔딩으로 끝나지 않는다는 점을 그들의 노고와 함께 책으로나마 느끼게 해준다. 현장 사례를 바탕으로 NGO 활동은 꿈이 아니라 현실이라는 점을 알려주고 있기 때문에 국제기구나 NGO 활동가를 꿈꾸는 학생들에게 더 없이 좋은 책이 될 것이다.

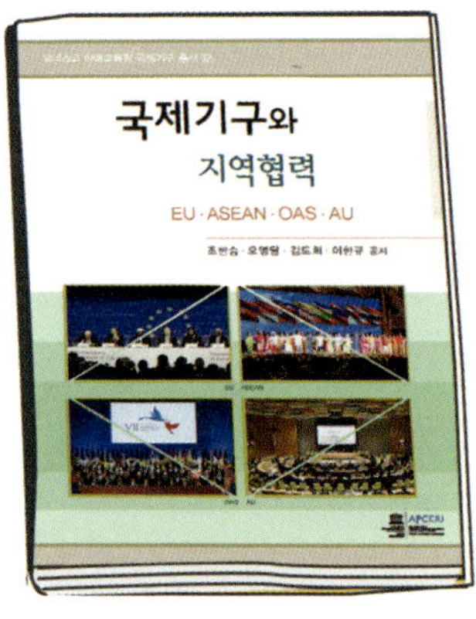

국제기구와 지역협력 (EU, ASEAN, OAS, AU)

조한승, 오영달, 김도희, 이한규 지음 | 오름 | 2015

『국제기구와 지역협력』은 유럽, 아시아, 아메리카, 아프리카의 대표적인 지역기구인 유럽연합(EU), 아세안(ASEAN), 미주기구(OAS), 아프리카연합(AU)의 등장배경, 구조, 역할, 성과, 과제 등을 살펴보고 글로벌리제이션 시대에 각 지역기구와 한국 사이의 상호관계를 분석한다.

◉ 국제기구의 역할은 무엇인가?

조약에 입각하여 복수의 주권국가로 구성되어, 일정한 목적하에 국제법상 독자적으로 존재하는 동시에 자체기관에 의하여 독자적인 행동을 하는 조직체.

◉ 아세안(ASEAN)이란 무엇인가?

동남아지역의 공동안보 및 자주독립 노선의 필요성 인식에 따른 지역협력 가능성을 모색하기 위해 창설된 지역협력기구로, '동남아시아국가연합(ASEAN : Association of South-East Asian Nations)'이라고도 한다.

◉ 지역사회 협력의 단계는 어떻게 결정되나?

다양함을 포함한 전체, 공유가치들의 합리적 기반, 배려, 신뢰, 협력, 효과적인 내부 의사소통, 참여, 확인 등의 단계를 통해 결정

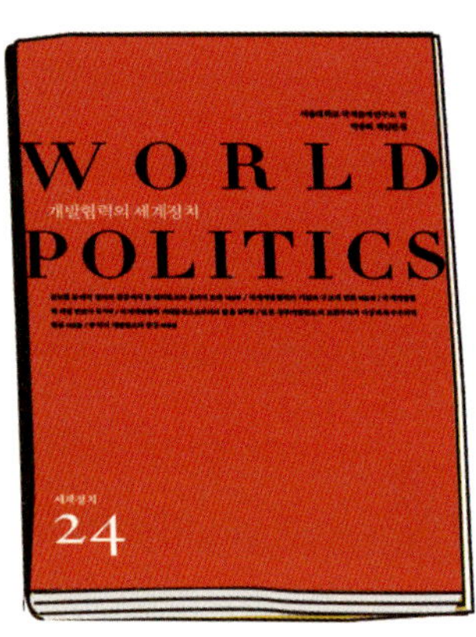

개발협력의 세계정치

박성우, 박종희, 김지영, 김부열, 이정환, 여유경, 최정훈 지음 | 편집 서울대학교국제문제연구소 | 사회평론아카데미 | 2016

『개발협력의 세계정치』는 21세기 국제정치의 중요한 주제가 될 개발협력의 세계정치가 어떠한 구조적 특징과 동학을 그리게 될 것인지, 그리고 그 속에서 한국은 어떠한 자리매김을 해야 하는지에 대한 답을 찾는다. 사상과 이론, 역사와 방법론, 그리고 지역이라는 서로 다른 프레임을 통해 저자들은 모두 공통적으로 개발협력, 혹은 원조라는 주제가 국제정치의 새로운 주제영역으로 부상하고 있다는 점을 밝히고 있다. 또한 개발협력으로의 패러다임 전환이 원조의 국제정치에 중대한 변화를 가져왔거나 혹은 가져올 것이라는 점을 공유하고 있다.

◐ 공적개발원조란 무엇인가?

선진국의 정부 또는 공공기관이 개도국의 발전을 위해 개도국에 공여하는 증여 및 양허성 차관. 정부개발원조라고도 한다.

◐ 국제개발협력이란 무엇인가?

국제 개발은 국가 간의 개발을 위한 협의를 말하며, 지구 상에 있는 국가들이 인간의 인간다운 삶을 보장하고, 삶을 영위할 수 있는 기초적인 발판을 마련하고, 그들의 더 나은 삶(또는 진정한 행복)을 위해 필요한 근본적인 요소들을 바람직한 방향으로 발전시키며 장애가 되는 요소들을 제거하거나 고쳐가는 것을 뜻한다.

상호협력 주제 다문화 국가 도서 1 – 인도네시아

후아 로 푸우

무르티 부난타 지음 | 하르디요노 그림 |
이구용, 천미진 옮김 | 정인출판사 | 2013

인도네시아의 한 마을에 가난하지만 열심히 일하는 부부가 살았습니다. 부부는 아이를 돌봐 줄 사람이 없어 밭 한 켠 나무그늘에 포대기를 매어 두곤 했습니다. 어느 날, 부부는 일하느라 아이의 울음소리를 듣 지 못하고 맙니다. 아기의 울음소리를 듣고 가엾게 여긴 새들은 아기가 포근히 잠들라고 깃털을 포대기 속 에 조금씩 떨구어 줍니다. 아이의 울음소리는 점점 잦아들었습니다. 아이에게 무슨 일이 일어났을까요?

○ 어떤 것이 궁금하나요?

- "후아 로 푸우"의 뜻은 무엇인가요?
  새 소리를 나타내는 인도네시아어

- 울던 아이에게 무슨 일이 일어났나요?
  아이의 울음소리는 점점 잦아들었다. 가장 소중한 것은 '함께 하는 것'이 아닌지 돌아보게 한다.

○ 토론하고 싶은 내용이 있나요?

더불어 사는데 있어 가장 중요한 덕목은 무엇이라고 생각하나요?

삿갓보살

글 나리타 마미 | 그림 차은영 | 정인출판사 |
2012

옛날 어느 마을에 삿갓을 만들어 파는 할아버지, 할머니 부부가 살았어요. 장사가 잘 되지 않아 가난했지만 사이좋은 부부였답니다. 설 전날에도 할아버지는 삿갓을 팔러 나갔지만 한 개도 팔지 못했어요. 어느덧 해가 져서 집으로 돌아가는데 눈이 쌓여 고드름까지 달린 지장보살님들을 보았어요. 착한 할아버지는 들고 있던 삿갓들을 전부 보살님들 머리에 씌어주었답니다. 그날 밤에 무슨 일이 일어났을까요?

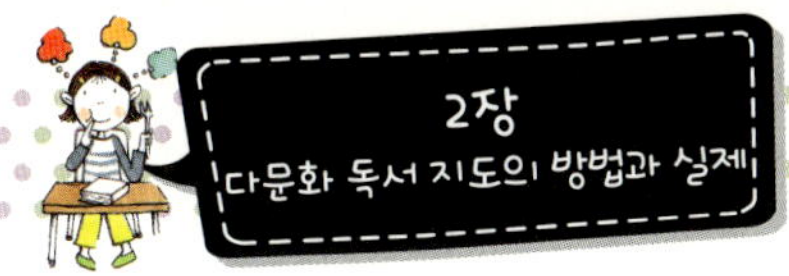

○ 어떤 것이 궁금하나요?

- 지장보살에게 삿갓을 씌워준 할아버지에게 무슨 일이 있어났나요?
- 할아버지와 할머니의 행동을 통해 배울 수 있는 점은 무엇인가요?

○ 토론하고 싶은 내용이 있나요?

저개발 국가의 또래 친구들을 도울 수 있는 방법에는 어떤 것들이 있나요?

3장

행복한
다문화 독서

3
행복한 다문화 독서

모든 인간은 독서를 통해 일상생활이나 사회생활에 필요한 정보를 얻기도 하고 의사소통 능력, 논리적 사고력 및 창의력 등 고도의 지적 능력을 기를 수도 있다. 그러므로 독서교육은 시대나 지역을 막론하고 그 중요성과 필요성에 공감하고 있다. 특히 다문화 시대의 독서교육은 독서교육의 소외를 막고 다양한 민족과 인종, 문화를 포용할 수 있는 역량을 키워주는 데에 절대적으로 필요한 교육이다. 이러한 필요성에 기인하여 다문화를 이해하기 위해 독서활동을 요리에 빗대어 '맛있게 읽는 독서요리'란 주제로 디자인해 보았다.

맛있게 읽는 다문화 독서요리는 학교급별로 적절한 도서를 선정한 후 다양한 독서활동을 하도록 구성하였다. 독자들은 요리 활동을 하듯이 다문화 독서활동을 하면서 자신도 모르게 다문화를 이해하게 된다. 꾸준한 독서활동을 통해 다문화를 이해하는 것이 가능하며, 이러한 다문화 독서요리 활동은 다문화 가정을 포함한 우리 모두가 행복한 세상을 꿈꿀 수 있도록 도울 것이다.

우리는 다문화를 제대로 이해하기 위해 연구자들과의 토론을 통해 6가지의 주제어를 추출하였다. 인권, 관용, 평화, 문화교류, 세계시민, 상호협력 등이 그것이다. 이러한 주제어로 대상 도서를 읽고 요리하듯이 다문화 독서를 읽다보면 우리 모두 행복한 다문화 시대의 주인공이 되어 있을 것이다.

다문화 주제어로 맛있게 요리하듯이 다양한 독서활동을 하다 보면 자신도 모르게 독서의 즐거움에 몰입하게 된다. 다양한 독서활동 중 다문화를 이해하고 함께 행복한 사회를 꿈꾸는 교육활동으로 독서토론만한 것이 없다. 독서토론은 그 자체가 독서교육의 꽃으로 재미와 유익함을 동시에 누릴 수 있는 행복한 독서활동이다.

독서토론 활동은 연구자나 기관에 따라 참으로 그 방법이 다양하다. 의회식 토론, 모의유엔 토론, 모의법정 토론 등 미국식 토론 방법이 한국에 접목되면서 변질된 것도 많다. 최근에는 기관이나 학교, 지자체 등에서 자신의 이름으로 토론모형을 개발하기도 하였다. 그러다보니 독서토론이 일회성인 행사로 전락하기도 하고, 상업적이고 비교육적인 모습으로 변질되기도 하였다. 학교 교사와 독서교육 전문가를 통해 교육적이고 지속적인 독서토론 교육으로 제자리를 찾아가야 한다.

독서토론은 그동안 교육과정 속에 반영되어 교과학습의 일환으로 운영되어 왔으며, 2015 개정 교육과정에서도 한 학기 한 책읽기 교육과정과 함께 특히 강조되고 있다. 독서도 교육이 필요한 것처럼 독서토론도 교육활동으로 학교 현장에서부터 지도되어야 한다. 독서교육을 부정시하는 견해도 있는데, 독서활동을 교육활동이 아니라 사회운동으로 보는 안타까운 분들도 있다. 같은 맥락에서 시민운동가들 일부는 독서토론이 경쟁을 부추기고 있다며 부정적인 자세를 견지하기도 한다. 이것은 교육활동을 오해하거나 시민운동가의 안목만이 반영된 견해이다. 참으로 독서와 독서토론만한 교육활동이 어디 있으랴? 동서고금의 역사가 이를 반증한다.

토론은 경쟁을 전제로 하기 때문에 이것이 상업적으로 흐르거나 비교육적일 때는 문제가 발생하기도 한다. 하지만 본질적으로 토론은 이기기 위한 토론이 아니라 토론 후 토론에 참여한 이들이 함께 공동의 문제를 효과적으로 해결하기 위한 교육활동임을 알아야 한다. 필자는 감동을 주는 토론을 독서토론 교육에서 늘 강조하고 있다. 제대로 된 독서토론은 상업적인 취향과 비교육적인 유혹을 극복할 수 있다. 제대로 된 독서토론은 이기기 위한 토론이 아니라 감동을 주는 토론이 되어야 한다. 훌륭한 토론자가 되기 위해서는 말하는 것부터 배우는 것이 아니라 듣기부터 배워야 한다.

이 책은 필자가 연구한 다섯 가지 독서토론 방법 중, 두 가지 독서토론 방법을 통해 맛있게 읽는 다문화 독서를 선보였다. 이야기식 독서토론과 독서새물결식 독서토론이 바로 그것이다. 그리고 함께 출판하는 다문화 독서요리 워크북에서도 이 두 가지 독서토론 방법으로 맛있게 읽는 다문화 독서요리를 구성하였다.

먼저 이야기식 독서토론은 독서토론 방법 중에서 일반화가 가능하고 초/중/고등학교 모든 학교에서 적용 가능한 독서토론 방법이다. 마치 카페

에서 차 한 잔을 놓고 대화를 하듯이 편한 분위기에서 토론하는 방법이다. 이러한 이야기식 독서토론은 토의를 포괄하는 독서토론 방법으로, 대상 도서를 읽고 소감도 나누고 대안도 모색해보고 찬반 토론도 가능한 토론 방법이다. 보통 토론이라 함은 찬반 토론만을 생각하는 사람들이 많은데, 이야기식 독서토론은 다양한 주제를 다양한 방법으로 실시할 수 있는 재미있는 독서토론 방법이다.

이야기식 독서토론은 필자가 개발하여 (사)전국독서새물결모임에서 개최하는 전국독서토론대회를 통해 일반화시킨 독서토론 모형이다. 우리는 교육부의 후원으로 매년 전국단위 독서토론대회를 개최하여 오고 있는데, 이야기식 독서토론은 독서토론대회에 참가한 학생들 대부분이 즐거워했던 독서토론 방법이다. 경쟁 지향이나 등급을 나누는 과정이 존재하지 않고, 전국에서 만난 학생들과 다양한 주제에 대해 마음껏 이야기를 나누는 방법으로 진행하는 독서토론 방법이어서 그럴 것이다. 일부에서는 토론을 말할 때 비경쟁토론을 강변하여 말하기도 하지만 토론 자체는 경쟁을 병행하는 교육활동이며, 이러한 경쟁을 교육적으로 승화하면 협상 능력도 키울 수 있다. 이렇듯 이야기식 독서토론은 일부에서 제기한 비경쟁토론의 전형이나 모범이 될 수 있다. 억지를 부리는 비경쟁 토론이 아니라, 자연스럽게 비경쟁적이면서도 교육적인 이야기식 독서토론에 주목할 수 있기를 기대한다.

이야기식 독서토론 방법은 3단계로 진행하면 쉽고 재미있다. 1단계 배경지식 관련 발문, 2단계 텍스트의 내용과 관련한 발문, 3단계 텍스트와 관련한 인간 삶이나 사회 관련 발문이 바로 그것이며, 각각 20%, 30%, 50%로 나누어 진행하면 좋다. 이를 위해 토론 발문을 생성하는 과정이 필요하다. 이 과정에서 하부르타 토론 방법을 적용하여, 토론 질문도 생성하고 짝토론 형태로 이야기식 독서토론을 시작할 수도 있다.

효과적인 독서토론 발문을 만드는 방법으로 첫째, 정답을 말하도록 물어서는 안 되며 자신의 생각을 말할 수 있도록 발문을 작성해야 한다. 그리고 발문에 대한 반응이 한 가지만 있도록 묻는 단답형보다는 토론자들이 다양하게 반응할 수 있는 다답형 발문을 만들어야 한다. 둘째, 이야기식 독서토론 발문은 1회성 발문이 아니라 연속적인 발문이 가능하도록 발문을 작성해야 한다. 예상 답변을 고려하여 토론자들에게 같은 주제를 심화하거나 확대하는 연속적인 발문을 만들어야 한다. 예를 들면, 1-1) 1-2) 1-3) 이런 식으로 발문을 개발한다. 셋째, 이야기식 독서토론 발문을 잘 만드는 방법으로 1단계(배경지식 관련 발문)에서는 대상 도서를 읽지 않아도 토론자들이 쉽게 반응할 수 있는 흥미 있는 발문을 제시해야 한다. 이러한 과정을 통해 토론자들이 서로 라포를 형성하는 것이 필요하다. 2단계(텍스트 내용 관련 발문)에서는 대상 도서를 읽었다면 일부러 외우지 않아도 알 수 있는 내용을 중심으로 내용 설명하기, 토론자의 생각은?, 왜 그렇게 생각하는가? 등으로 연속적이고 다양한 측면에서 창의성을 발휘할 수 있도록 발문을 만든다. 3단계(텍스트 내용과 관련한 인간 삶이나 사회 관련 발문)에서는 실제로 토론이 이루어질 수 있는 발문이어야 하며, 갈등 문제 등으로 찬반이 나뉘거나 다양한 방법 등을 제시할 수 있는 내용이어야 한다. 즉, 독서토론 발문의 원칙은 1회성이 아니라 연속성, 단답형이 아니라 다양한 반응을 유도하는 발문을 만들어야 한다.

독서새물결(교차질의식) 독서토론 방법은 개인적인 자격으로 진행하는 이야기식 독서토론과는 달리 찬성과 반대로 나뉘어 팀별로 진행하는 찬반토론 형태이다. 그리고 판정이 주목적인 독서토론으로, 토너먼트 형태의 각종 독서토론대회에 적합한 토론 방법이다. 토론 대형은 서로 마주보는 것이 좋으며, 토론자는 교과서 등 준비한 자료를 활용하여 토론할 수 있다. 토론 참가 인원은 3명(발제 2명+최종발언 1명), 4명(발제 3명+최종발언 1명), 5명(발제 2명+반론 2명+최종발언 1명) 등 참가자에 따라 조정하여 운영할 수 있다. 관중이 있을 경우 관중석 토론과 상호 자유토론 형태로 변형이 가능한 독서토론 방법이다.

이 독서새물결 독서토론 방법은 기존의 다양한 독서토론이 일회성이거나 보여주기 위한 토론 즉, 상업적인 토론이나 비교육적 토론의 한계를 극복한 토론 모형이다. 배심원 등이 있어야 토론이 진행되며, 토론 내용을 외워서 배심원 앞에 서서 웅변해야 하는 기존의 세다(CEDA)식과 그 아류의 토론방법을 지양하고, 학교 현장에서 연중 교과와 연계된 토론수업으로 진행 가능하게 디자인된 토론 모형이다. 즉, 토론자만 있으면 자리에 편히 앉아 준비한 자료를 펼쳐 보이며 편하고 자연스레 토론 활동이 진행되게 디자인되었다. 토론의 논거도 교과서 등에서 찾도록 지도하여 교육과정이나 교과서를 존중하는 학교 교실 수업으로 토론수업이 연중 가능하게 기획되었다. 그리하여 EBS 방송교재 문제 풀이 중심의 학교 교실 수업을 혁신하고, 교과서로 다양한 토론을 전개하며 국가가 제시한 교육과정과 성취기준도 달성하도록 구안된 독서토론 방법이 바로 독서새물결 독서토론이다.

독서새물결 토론 방법과 토론지 견본은 다음과 같다.

독서새물결 독서토론 방법

발언 순서	시간	찬성			반대		
		1	2	3	1	2	3
1	3(2)	발제1					
2	3(2)				교차 조사 및 질의, 반론		
3	2(1)	재반론1					
4	3(2)				발제1		
5	3(2)	교차 조사 및 질의, 반론					
6	2(1)				재반론1		
	2	전략 협의 시간					
7	3(2)		발제2				
8	3(2)				교차 조사 및 질의, 반론		
9	2(1)		재반론2				
10	3(2)					발제2	
11	3(2)	교차 조사 및 질의, 반론					
12	2(1)					재반론2	
	2	전략 협의 시간					
13	2			최종 발언			
14	2						최종 발언
계	40(28)						

독서새물결 독서토론지–개요

20 년   월   일   (   )학교 (   )학년, 성명 (   )

대상 도서	우리 그림이 들려주는 사람이야기	
주제	유교적 전통문화는 오늘날에도 계승되어야 한다.	
	찬성	반대
주장	유교적 전통문화는 계승되어야 한다. *1발제자가 정의, 범주, 방향 설정	유교적 전통문화는 계승되지 말아야 한다. *찬성 발제자의 정의 등을 수용하거나 재정의함
주장의 이유	1. 한 나라의 전통문화를 계승하고 지킨다는 것은 우리나라의 주권, 정체성을 지킨다는 의미와 같으므로 반드시 계승되어야 한다. 2. 현대사회에서의 여러 문제점들(살인 등)을 유교의 계승과 교육을 통해서 방지할 수 있다. *이유가 서로 달라야하며, 팀원 간에도 달라야함	1. 유교적 전통문화는 현대인들의 생활에 많이 맞지 않는 문화이다. 현대인들에게 맞는 변형이 필요하다. 2. 하나를 잃고, 하나를 얻는 것이 정치라면, 전통문화의 계승보다는 미래를 향한 진보를 위한 개혁이 더 중요하다.
주장의 근거 (논증)	1–1) 〈대상도서 내 근거〉 (116쪽 씨름 참고) 우리 백성들을 하나로 묶을 수 있었던 씨름 같은 민속놀이는 오늘날에도 계승되어야 우리의 정체성을 지킬 수 있다. 요즘 우리는 외래문화에 젖어 우리의 정체성을 잃을 수도 있다. (140쪽 황현초상 참고) 1–2) 〈대상도서 외 근거〉 유교와 같은 우리의 전통문화를 계승하지 않는다는 것은 우리 조상의 삶과 지혜를 부정하는 것과 같다. 세계화 속에서도 우리 것을 지킬 수 있어야 진정한 글로벌 시대를 맞이할 수 있으며 일제 강점기와 같은 비극을 예방할 수 있다. 2–1) 〈대상도서 내 근거〉 (164쪽 오륜행실도 참고) 루백의 효성으로 호랑이를 잡은 이 이야기 속에서 오늘날 무너지고 있는 인륜을 반성해 볼 수 있다. 서당(120p. 김홍도)과 같은 그림처럼 교육이 살아난다면 오늘날 벌어지고 있는 많은 패륜 범죄들도 줄일 수 있을 것이다.	*왼쪽과 같은 문장(문단)형으로 해도 되며, 반대처럼 개조식(비문장, 요점)으로 해도 됨 1–1) 〈대상도서 내 근거〉 – '투호도'(76쪽) – '미인도'(56쪽) 1–2) 〈대상도서 외 근거〉 (통계자료나 전문가 자료 등) – 현대인들에게 이 도서에서 볼 수 있는 그림들을 보여주면 대다수가 처음 본다는 결과. – 유교적 전통문화를 계승한다는 정책을 실시한다 해도 현대인들에게 예산 낭비.

주장의 근거 (논증)	2-2) 〈대상도서 외 근거〉 요즘 TV나 여러 매체들을 보면 흉악한 범죄나 사기극이 난무하고 있다. 10명이 TV를 봤다하면 9명 이상은 범죄소식을 봤다는 처지이다.(MBC 뉴스 내용 중) 이런 범죄를 줄일 수 있는 방법은 먼 곳에 있지 않다.	2-1) 〈대상도서 내 근거〉 – '기와 이기'(40쪽)라는 그림을 보면 현재에는 민속촌에나 남은 기와집에 대한 그림이 나와 있는데, 이런 기와집을 부활시키려는 정책보다 미래의 변화에 대한 준비가 더 필요하다. 2-2) 〈대상도서 외 근거〉 – 글로벌 시대에 알맞지 않다. – 정치적이나 사회적이나 현대사회에선 큰 변화가 일어나고 있다.
반론 (교차 조사 포함) 및 예상 반론 꺾기	1. 서당과 같은 교육을 해야 한다고 하셨는데 이런 교육을 실시한다고 해서 어떤 문제점들이 어떤 과정으로 해결될 수 있나? – 요즘 교육현실과 연관지어 보자면, 학생들이 선생님에게 대들고, 심지어는 폭행마저도 하는 경우가 있다. 이건 유교적 전통문화에 어긋나는 행위이다. 이런 유교적 전통문화를 어렸을 때부터 교육한다면 이런 덕목들을 몸에 익힐 것이고, 자연스럽게 위의 문제도 해결된다.	1. 무조건 개혁을 추구한다는 것 자체도 하나의 사회적 모순이 아니겠나? – 영화 '광해'를 본다면 하나를 잃고 하나를 얻는 것이 정치라 했다. 이 상황을 예로 든다면 전통문화보다는 미래의 개혁에 대한 준비를 하는 것이 더 중요한 일이라 생각한다.
정리	유교적 전통문화는 우리나라의 주권, 정체성, 그리고 개성과 같다.	개혁에 대한 준비가 필요한 시기에 보수적인 것을 고집한다는 것은 사회적 모순과 같다.

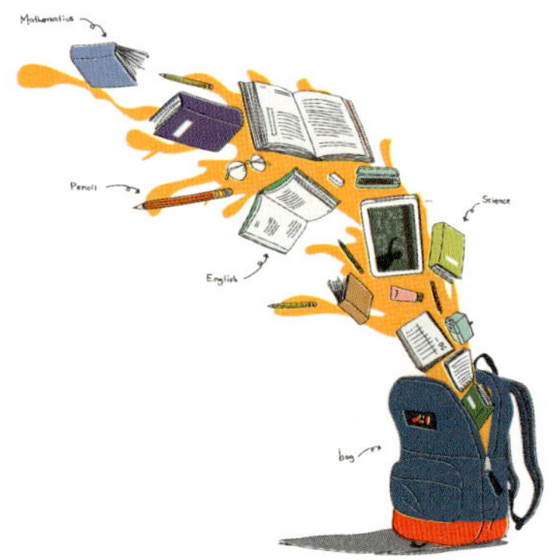

1. 우리 사회가 행복한 다문화 독서

현재 학교에서 이루어지고 있는 다문화 교육은 수업 중에 진행되는 교과 내용 중심 다문화 교육과 각종 행사나 프로그램 중심의 교과 외 활동으로 이루어지고 있다. 2015 개정 교육과정에서도 10대 범교과학습 주제로 편성하여 핵심역량 지도와 더불어 다문화 교육을 강조하고 있다. 즉, 2009 개정 교육과정에서 설정된 39개의 범교과학습 주제가 지나치게 세분화되어 창의적 체험활동을 파행적으로 운영하게 만든다는 학교 현장의 요구를 반영하여 10개의 범주로 통합·조정하여 다문화 교육을 강조한 것이다.

그런데 아직까지 우리나라의 다문화 교육은 배타적 동화주의에 기반을 둔 교육에 치우쳐 있어 여러 비판을 받고 있다. 즉, 한국인으로서의 정체성 함양에만 초점을 두고 있거나 역사적 사실이나 사회 현상을 설명하는 데 그치고 있다는 한계가 있다. 특히 이러한 연구들은 다문화 가정 학생들을 대상으로 하고 있어 일반 학생들을 대상으로 한 연구는 크게 부족한 실정이다.

다문화 교육이 다문화 가정 학생들만 대상으로 사회적응을 위한 대안교육의 형태를 취할 때, 다문화 교육은 반쪽짜리 교육이 될 수밖에 없다. 다문화 가정의 학생들이 집단 따돌림 등 학교생활의 어려움을 지속적으로 겪고 있는 것은 문화적 소수자들만을 대상으로 한 다문화 교육의 한계를 보여 준다.

그러므로 다문화 가정 학생들을 대상으로 하는 다문화 교육의 효과를 높이려면 그들과 함께 생활하는 일반 학생들을 대상으로 하는 다문화 교육이 함께 진행되어야 한다. 다문화 교육을 통해 일반 학생들의 다문화 인식이 높아져서 자신 주위에 있는 다문화 가정 학생들을 자신과 동등한 존재로 존중할 수 있어야 한다. 또한 다문화 교육의 방법으로 독서 자료를 제시하여 함께 읽고 대화하고 토론하며 다문화 가정을 이해하고, 함께 행복한 사회를 만들어 나가야 할 것이다. 이 책은 바로 이런 관점에서 집필되어 다문화를 이해하는 일반학생들이 지속적인 독서활동을 통해 다문화를 이해하며, 행복한 우리 사회를 함께 만들도록 돕고 있다.

다문화 가정의 독서 활동 조사 결과를 살펴보면 아이들이 독서 활동을 하는 이유는 학업 성취, 독서량 확보, 한국어 공부 순이다.[10] 다문화 독서 지도는 이러한 요구에 맞게 학교 공부와 연계된 도서를 선정하여 교과와 관련된 배경지식을 쌓도록 해야 한다. 또한 모둠별 활동을 통해 친구들과 함께 과제를 해결하며 의견을 자신 있게 발표할 수 있고, 이를 쓰기 활동과도 자연스럽게 연결시킬 수 있어야 한다.

다문화 아이들이 읽기를 희망하는 책을 읽고 행복한 학교생활을 하도록 돕는 것이 우리 사회가 행복한 사회로 나아가는 길이다. 그래서 이 책은 다문화를 이해하기 위한 도서를 선정하여 토론 중심으로 활동하면서 다문화 가정의 친구들을 이해하고 우리 사회가 행복한 다문화 시대를 준비하는데 도움이 되도록 구성하였다.

다문화 가정의 학생뿐만 아니라 일반 가정의 학생들도 자신의 생각이나 주장을 발표하는 것을 어려워한다. 이러한 현실을 반영하여 이 책은 다문화 독서를 요리하듯이 재미있게 참여할 수 있도록 디자인하였으며, 다문화 독서 요리 워크북에도 이러한 내용을 반영하여 집필하였다.

---

10) 박미정, '다문화가정 아동을 위한 독서 지도 교육 방안 연구', 경희대학교 교육대학원 석사학위논문, 2008.

 다음은 지식채널 e 다문화 시리즈 3부작 – 1부 "우리는 서울에 산다"
의 내용이다. 우리 사회가 모두 행복하게 사는 지혜를 얻을 수 있었으면
한다.

 여의도를 지날 때쯤 아빠가 높은 건물 하나를 가리키며 말씀
하셨어요.
 저 건물 아빠도 같이 지었다고.

 서울은 [신호등]이다
 서울은 [극과 극]이다
 서울은 [빛]이다
 서울 하늘 아래 살아가는 25명 중 1명
 서울은 [모르는 것이 많은 곳]이다

 편의점에서 아르바이트 하던 어느 날이었어요.
 저기요, 밴드 있어요?
 밴드, 밴드, 그에 뭘까
 밴드가 무엇인지 짐작조차 할 수 없었고 나는 들키고 싶지 않
았어요.

 그런 거 없어요.
 손님은 두리번거리더니 내 앞에 있는 물건을 내밀며 말했어
요.

여기 있는데요?

나는 빨개진 얼굴로 죄송하다는 말만 계속했어요.

같은 서울 하늘 아래 살아가는 25명 중 1명은 169개국에서 온 약 40만 명의 서울 사람들입니다.

서울에서 이 친구들의 자리는 어디일까요?

처음 교복을 받고 정말 기뻤어요.

그런데 이틀 만에 여기는 내가 있을 자리가 아니구나 하는 생각이 들었어요.

외국에서 태어나 살다가 엄마 아빠의 재혼, 취업으로 한국으로 이주한 중도 입국한 청소년 친구들이 있습니다.

저는 몽골에서 부모님은 한국에서 떨어져 살다 3년 만에 만났는데 고생을 많이 하셨다는 게 한 눈에 보였어요.

공항에서 집으로 왔는데 부모님이 계단으로 내려가시는 거예요,

지하에도 집이 있나?

몽골은 땅이 엄청나게 넓으니까 지하에 사람이 산다는 게 진짜 신기했어요.

– 몽골에서 온 미래

낯선 환경, 서툰 한국어 나이보다 학년을 낮춰 입학했지만 따라가기 힘든 수업

조를 짜서 수업을 할 때면 누구랑 할지 항상 걱정이었어요. 말을 잘 못 하니까,

– 중국에서 온 동혁이

근데, 무시하는 것보다 무관심이 더 아프잖아요. 무시하는 건 감정이 있는 거지만 무관심은 아예 없는 거니까.

– 파키스탄에서 온 루시

학교에서 자리를 찾지 못하고 점점 멀어지는 아이들

공부도 안하고 실컷 게임만 하고 노니까 좋겠다고 할지 모르겠지만 아니에요. 안 괜찮아요.

인생이 좀 어떻게 된 것 같았어요.

– 중국에서 온 승현이

왜 나만 이렇게 살지? 이런 생각 정말 많이 했어요.

지금 저 같은 아이들이 많다는 거 알아요.

저보다 어린 아이들이 아 나만 이런 일을 겪는 게 아니구나.

이 형도 그렇게 지냈구나 생각하면 좋겠어요.

외롭지 않게요.

– 태국에서 온 훈이

외국에서 살다가 한국에 왔으니 당연히 언어도 서툴고, 문화도 잘 모릅니다.

이 친구들은 학교에서 적응을 잘 하지 못하고, 한국 친구들은 무관심하기까지 합니다.

무시보다 무서운 무관심

이 친구들은 결국 자리를 찾지 못하고 하루 종일 게임에 빠져 살곤 합니다.

"열심히 살라"

어른들이 말씀하시는 이 말이 정답일까요?

이 친구들에겐

"열심히 살자"라는 말이 더 와 닿을 것 같습니다.

모두가 함께 잘 사는 사회를 위하여

잘 살자 서울아!

내가 사니까

우리가 사니까

사람들이 사니까

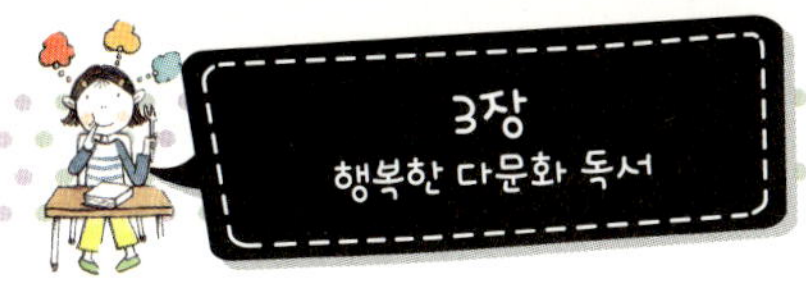

북한에서 온 수향이가 마음 편하게 아르바이트를 할 수 있는 사회, 중도 입국한 어느 학생이 교복을 입고 정말 기쁘게 학교에 잘 적응할 수 있는 다문화 사회를 만들어야 한다. 몽골에서 온 미래가 행복한 서울 생활을 할 수 있어야 하며, 중국에서 온 동혁이가 학교에서 조별 수업에 힘들지 않게 참여할 수 있어야 한다. 파키스탄에서 온 루시가 느끼는 무관심을 느끼지 않도록 해야 하며, 중국에서 온 승현이가 게임만 하고 노는 이유도 알 수 있는 학교 사회가 되어야 한다. 태국에서 온 훈이처럼 외로움을 느끼지 않는 사회, 열심히 살라는 말보다는 우리 함께 열심히 살자라는 말이 어울리는 다문화 사회가 되어야 한다.

우리 사회 구성원 모두가 행복한 다문화 사회를 소망하며 다음 글도 읽어 보자.

안성시 다문화가정 서포터즈 봉사단, 무더위 속 삼계탕 요리봉사!

안성시는 안성시 다문화가족지원센터를 통해 결혼이민여성들이 안정적으로 한국사회에 적응할 수 있도록 다양한 생활지원 및 행복한 결혼생활을 돕는 다문화 가정 서포터즈 사업을 추진하고 있다.

지난 8월 11일 안성시 다문화가족 서포터즈 봉사단은 서툰 솜씨지만 정성껏 삼계탕을 준비해서 안성시 노인주간보호센터 이용자들에게 점심식사를 대접하고 말벗을 해드리는 등 뜻깊은 시간을 보냈다.

봉사에 참여한 서포터즈단원 김아나스타시야(우즈베키스탄, 29세)씨는 날씨가 많이 더웠지만 어르신들께 삼계탕을 직접 만들어 드릴 수 있어 너무 보람 있고 행복했다며, 앞으로도 주변의 소외된 분들을 돕는 봉사활동을 통해 다문화가정에 대한 편견을 없애고 지역사랑을 실천하고 싶다고 소감을 밝혔다.

안성시 다문화가족 서포터즈 봉사단은 그동안 다문화 인식개선 캠페인 및 서포터즈 활동을 꾸준히 실천해 왔으며, 이번 요리 봉사를 계기로 앞으로 지역사회와의 소통과 통합을 위한 다양한 지역사회 연계활동들을 확대해 나갈 계획이라고 했다.[11]

다수의 주류 사회이든 소수의 다문화 가정이든 먼저 이웃을 돕는 일을 할 수 있는 사랑의 실천이 중요하다. 내가 가진 것을 나누는 참 사랑의 실천이 우리 모두가 행복한 다문화 사회를 만드는데 중요한 요소가 될 것이다.

11) 경인타임스, 2016.08.17

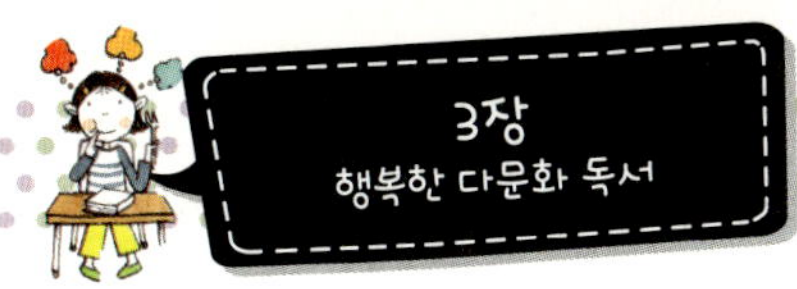

다문화 송

한국친구 만나면 안녕 안녕

몽골친구 만나면 세노세노

베트남친-구는 신짜오 신짜오

인도친구 나마스떼

미국친구 만나면 헬로 헬로

일본친구 만나면 곤니찌와

러시아친구는 브리벳 브리벳

프랑스 봉주르

중국은 니하오

인사말과 생김새는 서로서로 다르지만

사이좋게 함께 지내는 우리는 지구촌 한가족

케냐친구 만나면 잠보 잠보

이스라엘친구는 샬롬 샬롬

스리랑카친구는 아유보완

필리핀은 구무스따까[12]

---

12) 평택대학교 다문화가족센터, 2012

2. 우리 미래가 행복한 다문화 독서

학교 교육에서 교과 교육이 차지하는 비중은 엄청나다. 따라서 "독서지도를 어떻게 교과 교육과 효율적으로 연계 지을 수 있는가?" 하는 문제는 독서지도를 얼마나 성공적으로 수행할 수 있는가를 결정하는 관건이 된다. 특히 다문화 가정 아이들은 언어와 문화 차이를 가장 큰 고민으로 꼽고 있으며 그러한 문제는 학습력 저하로 나타나 학교적응에 문제를 일으키는 원인이 되기도 한다. 그러므로 다문화 가정 아이들의 독서지도는 교과과정을 이해하여 독서지도에 반영시키는 것이 중요한 요건이 된다.

다문화 가정 아이들뿐만 아니라 주류 사회의 모든 학생들도 교육 과정과 연계한 독서지도가 중요하다는 것은 이미 여러 연구 결과로 나타나 있다. 또한 독서를 즐기는 습관은 학생들이 지식을 확충함은 물론 사고력을 신장시키고, 인성을 함양하며, 주도적으로 자기를 계발할 수 있는 바탕이 된다.

2007 개정 교육과정 이전에는 다문화교육을 위한 정부 차원의 노력이 다문화 가정 지원 대책에 머물러 있었다. 2007 개정 교육과정 이후 비로소 우리의 교육과정이 다문화교육의 필요성을 명시하게 되었다. 다문화교육에 대한 관심이 높아져 2009 개정 교육과정에서는 우리나라 교육의 목표를 네 가지로 제시하였다. 그중 문화적 소양과 다원적 가치, 세계와 소통하는 시민, 배려와 나눔의 정신 등의 표현은 교육과정이 다양한 인종, 종족, 문화적 배경을 가진 다문화 사회를 준비한다는 것을 알 수 있다. 또한 2009 개정 교육과정에서는 민주시민교육과 양성평등교육, 저출산, 고령화 대비 교육 등 38개의 범교과 학습 주제를 제시하였는데 다문화교육도 여기

에 포함되어 있다.

이러한 정신은 2015 개정 교육과정에도 이어지고 있다. 2015 개정 교육과정이 추구하는 인간상은 홍익인간의 이념을 바탕으로 '자주적인 사람', '창의적인 사람', '교양 있는 사람', '더불어 사는 사람'이다. 자주적인 사람은 전인적 성장을 바탕으로 자아정체성을 확립하고 자신의 진로와 삶을 개척하는 사람이며, 창의적인 사람은 기초 능력의 바탕 위에 다양한 발상과 도전으로 새로운 것을 창출하는 사람이다. 교양 있는 사람은 문화적 소양과 다원적 가치에 대한 이해를 바탕으로 인류 문화를 향유하고 발전시키는 사람이며, 더불어 사는 사람은 공동체 의식을 가지고 세계와 소통하는 민주 시민으로서 배려와 나눔을 실천하는 사람이다.

교육과정이 추구하는 이러한 인간상의 실현을 위해 2015 개정 교육과정은 교과와 창의적 체험활동, 그리고 학교생활 전반에 걸쳐 학생의 실제적 삶 속에서 무언가를 할 줄 아는 실질적인 능력을 기를 수 있도록 하기 위해 역량을 제시하였다. 총론에는 '자기관리 역량', '지식정보처리 역량', '창의적 사고 역량', '심미적 감성 역량', '의사소통 역량', '공동체 역량' 등 6가지를 제시하였고, 교과에는 총론의 역량과 연계하여 교과에 맞는 역량을 제시하고, 교과의 특성에 맞는 교육과정을 운영하도록 하였다.

자기관리 역량은 자아정체성과 자신감을 가지고 자신의 삶과 진로에 필요한 기초 능력과 자질을 갖추어 자기주도적으로 살아갈 수 있는 능력이며, 지식정보처리 역량은 문제를 합리적으로 해결하기 위하여 다양한 영역의 지식과 정보를 처리하고 활용할 수 있는 능력이다. 창의적 사고 역량은 폭넓은 기초 지식을 바탕으로 다양한 전문 분야의 지식, 기술, 경험을 융합적으로 활용하여 새로운 것을 창출하는 능력이며, 심미적 감성 역량은 인간에 대한 공감적 이해와 문화적 감수성을 바탕으로 삶의 의미와 가치를 발견하고 향유할 수 있는 능력이다. 의사소통 역량은 다양한 상황에서 자신의 생각과 감정을 효과적으로 표현하고 다른 사람의 의견을 경청하며 존중하는 능력이며, 공동체 역량은 지역·국가·세계 공동체의 구성원에게 요구되는 가치와 태도를 가지고 공동체 발전에 적극적으로 참여하는 능력이다.

이런 6대 핵심 역량과 함께 범교과학습 주제를 교육과정의 골격으로 삼아 2015 교육과정을 개정하였다. 2009 개정 교육과정에서 설정된 39개의 범교과학습 주제가 지나치게 세분화되어 창의적 체험활동을 파행적으로 운영하게 만든다는 학교 현장의 요구를 반영하여 아래와 같이 10개의 범주로 통합·조정한 것이다.

2015 개정 교육과정의 10대 범교과학습 주제

안전·건강교육, 인성교육, 진로교육, 민주시민교육, 인권교육,
다문화교육, 통일교육, 독도교육, 경제·금융교육,
환경·지속가능발전교육

또한, 범교과학습의 내실 있는 운영을 위해 주제별 내용요소를 설정하고, 관련된 교과(목) 성취기준에 범교과학습 내용을 연계·반영하였다. 교과학습을 통해 범교과학습 주제가 체계적으로 다뤄지도록 하였으며, 교과

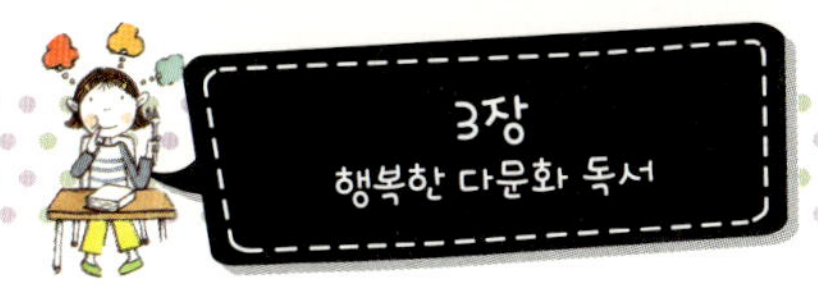

서 개발 시 범교과학습 주제를 반영하도록 하였다.

이처럼 다문화 교육이 2015 개정 교육과정에서 특별히 강조되고 있다. 그럼 다문화 교육을 어떻게 지도할 것인가? 다문화 교육은 다문화 가정의 다문화 문식성도 향상해야 하지만, 우리 사회 다수자의 다문화 문식성도 이해의 폭을 넓혀 나가야 한다. 학교는 피부색이나 출신 민족을 비롯한 여러 문화적 차이로 발생하는 편견을 줄여서 행복한 미래를 교육해 나가야하는 책무가 있다.

국어는 대한민국 공용어로서 사고와 의사소통의 도구이자 문화 창조와 전승의 기반이다. 2015 개정 교육과정에 따르면, 학습자는 국어 교과를 통해 공동체·대인관계 역량, 문화 향유 역량을 기를 수 있다고 강조하고 있다. 독서 교과를 통해서는 글을 통해 접하는 다양한 문화를 능동적으로 수용하는 가운데 새로운 문화 창조에 이바지하려는 태도를 함양한다고 하였다. 문학 교과를 통해서는 통합적 관점에서 인문학적 소양을 길러 삶의 질을 높이고 문화 발전에 기여하는 태도를 기르는 것을 강조하였다.

즉, 모두가 행복한 미래 사회를 위해 2015 개정 교육과정의 정신을 잘 반영하여 교실 수업을 통해 행복한 미래 다문화 교육이 진행되어야 한다. 교실 수업을 통해 사회 다수자 학생들이 소수자 다문화 가정을 이해하도록 돕는 교육이 필요하다. 물론 교사의 전문성과 연수활동도 병행되어야 한다.

학교 교실 수업에서 다문화 가정을 이해하는 교육을 연중 지속하여 진행하기 위해 독서교육이 매우 중요하다. 다문화 관련 도서를 선정하여 학교급별 및 주제별로 구분하여 연중 제시하면 좋다. 우리 사회에 널리 퍼져 있는 인종적, 민족적 편견과 차별의 문제를 다루는 책을 읽고 토론활동을 하다보면 모두가 행복한 미래를 준비할 수 있다.

다문화 독서 워크북에서 제시한 6가지 핵심 덕목 활동 관련 '주제 도서'를 제시하여 독서활동을 연간 지속할 수 있다. 인권, 관용, 평화, 문화교류, 세계시민, 상호협력 관련 이야기를 담아낸 다양한 도서를 읽고 우리 사회 소수자인 다문화 가정의 이주노동자, 결혼이민자 그리고 그들의 2세와 함께 고민을 나눌 수 있어야 한다. 그리고 다문화 가정에 대한 편견과 차별을 그린 도서를 읽으며 우리 사회의 행복한 미래를 위해 함께 토론할 수 있어야 한다.

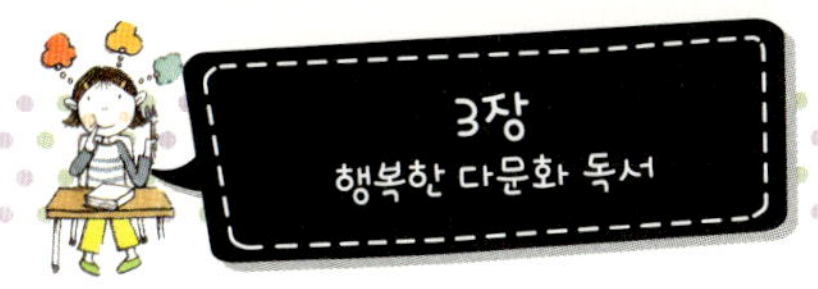

3. 우리 모두가 행복한 다문화 독서

현재 우리 사회는 빠르게 다문화 사회로 변화하고 있다. 이에 반해 우리 국민의 다문화 감수성 및 다문화 역량은 이에 못 미치고 있는 것이 현실이다. 문화적 다양성을 의미하는 다문화라는 용어도 국제결혼으로 이루어진 가정을 연상시키는 것으로 잘못 사용되기도 한다.

그럼에도 불구하고 우리 사회의 다수자는 문화적으로 소수자인 다문화 가정과 어떻게 상호 협력하며 행복한 공동체 사회를 이루고 살 것인가 고민해야 한다. 다문화 가족들의 살아가는 모습을 이해하고 존중하는 자세가 필요하다. 다양한 다문화사회 단체들이 다문화 가정을 돕고자 활동하고 있는데, 우리는 이들의 노력도 이해하고 존중해야 한다.

다문화 가정의 아이들이 독서활동을 하면서 행복해 하고, 우리 사회의 다수자는 관련 도서를 읽으며 함께 행복한 사회를 만들도록 노력해야 한다. 다문화 관련 주제 도서를 재미있게 읽다 보면 다문화를 이해하는 교육이 병행될 수 있다. 다문화 이해 교육은 다양한 문화의 존재와 문화와의 차이의 당연성을 인지하고 타문화의 존재 가치를 인정함으로써, 다름을 자연스럽고 당연한 것으로 인정하는 태도를 갖도록 지도해야 한다. 또한 문화간 차이로 인한 행동의 괴리, 사고방식 또는 인지적 차이를 수용하고 이해하는 능력을 키우도록 지도해야 한다. 이러한 다문화 이해 교육은 다문화 가정만을 위한 교육이 아니라 사회의 다수자인 주류 사회 구성원을 위한 교육이기도 하고, 나아가 궁극적으로는 우리 모두가 행복한 사회가 되는 길임을 인식해야 한다.

다음은 다문화 교육 실천 학교와 프로그램 내용이다. 다양한 다문화 교육 프로그램을 통해 우리 모두가 행복한 다문화 시대를 열어갈 수 있을 것이며, 독서활동과 연계될 때 지속 가능한 프로그램이 될 수 있을 것이다.

1 재한 몽골학교

재한 몽골학교는 몽골 출신 외국인 근로자 자녀의 교육지원을 위해 1999년 서울 외국인근로자선교회에서 설립하였다. 이후 서울시교육청에 외국인학교 인가를 받으며 국내 유일무이한 내국인이 설립한 외국인학교가 되었다. 몽골학교는 몽골의 학제와 교과내용을 따르고 있으며, 몽골의 교육과정과 내용을 중심으로 한국어교육과 기타 한국생활에 필요한 정보나 기술 습득을 위한 체험 프로그램을 실시하고 있다.

2 아시아 공동체 학교

아시아 공동체 학교는 2006년 초등대안학교로 설립되었다. 아시아 공동체 학교의 정체성이 다른 다문화청소년 대상 대안학교와 차별화되는 것은 일반청소년과의 통합교육이다. 한국의 공교육 체계가 인종적, 문화적 다양성을 수용하지 못하는 현실에서 대안적 교육시스템이 필요함을 제기하나, 교육대상으로 분리되는 것은 지양하는, 새로운 형태의 대안교육의 모델을 제시하고 있다. 2011년 초/중/고교 위탁형 대안학교로 부산시교육청으로부터 인가를 받아 정식 대안교육시설로 발전하였다.

아시아 공동체 학교는 기본적으로 한국의 학제와 교육내용을 따르고 있으며, 한국어교육이 필요한 학생을 대상으로 한국어교육을 독립적으로 실

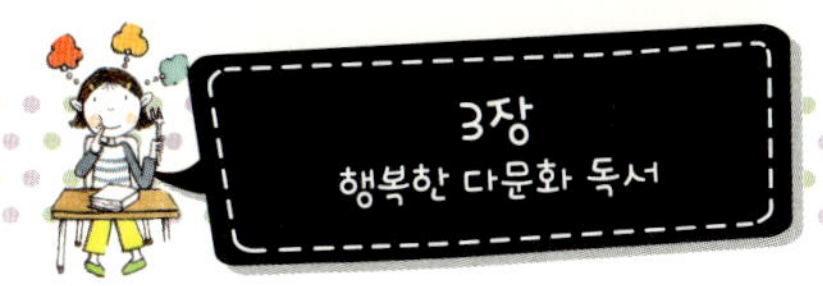

시하고 있다. 학교설립이념에 따라 인종적, 문화적인 차이를 넘어 공동체의 이념에 따라 학생들을 교육하고 있다.

3 새날학교

최근 중도입국청소년의 증가에 따라 이들을 위한 새로운 형태의 교육시설들이 나타나기 시작했다. 그 중 하나가 새날학교이다. 새날학교는 전라남도 광주에 소재를 두고 있다. 정규학교의 형태를 갖추고 있으며, 2012년 광주광역시교육청의 인가를 받아 위탁형 대안교육시설이 되었다. 특이할 만 한 점은 새날학교는 경기도 부천과 충청북도 청주에 분교를 두고 있다는 것이다. 분교는 본교와 달리 인가받은 대안교육시설은 아니다. 분교는 한국어를 배워 일반학교에 진학하거나 사회로 진출하기 위한 준비를 위한 교두보의 역할을 한다. 광주 새날학교는 인가 대안교육시설로 일반학교의 교육과정을 준수하고 있으며, 다른 지역의 새날학교의 경우는 한국어교육이 주를 이루고 있다.

4 무지개 청소년 센터

무지개 청소년 센터는 2006년 국가청소년위원회가 북한이탈 청소년과 다문화 청소년의 종합지원을 위해 설치한 재단법인이다. 이주배경 청소년과 함께하는 다문화 한국사회라는 설립이념에 따라 다양한 다문화 교육 프로그램을 개발 · 보급하고 있다. 또한 2010년부터 입국초기 중도입국 청소년 특화 프로그램 'Rainbow School'을 운영하고 있다.

(1) 통합교육 프로그램 : Happy Rainbow

첫 번째로 살펴볼 프로그램은 일반 청소년과 이주배경 청소년의 통합활
동 프로그램 Happy Rainbow이다. 본 프로그램은 다양한 문화적 배경을
가진 청소년들이 서로의 문화를 수용하며 소통할 수 있는 다문화적 감수성
을 개발하고 세계시민으로서의 역량을 키우는데 목적이 있다. 이주배경 청
소년 10명과 일반 청소년 10명으로 구성하여 총 8~10회 정도로 구성한다.
매월 토요일을 활용하여 월 1회 진행하며, 지역에서 실시하고 있는 문화체
험활동에 참가한다.

프로그램 내용은 매월 다른 주제로 구성되어 있다. 본 프로그램에서 중
요한 것은 다양한 활동 프로그램을 경험해 보는 것이 아니라 다양한 이주
배경을 가진 청소년들이 함께 한다는 것이다. 따라서 체험활동을 하는 동
안 공동으로 할 수 있는 작업이나 미션을 주는 것이 중요하다. UCC 제작을
예로 들어보면, 주제를 선택하고 역할을 나누고 협의하고 논의하면서 다양
한 배경을 가진 친구들과 소통하고 공존하는 경험을 하도록 하는 것이 중
요하다.

(2) 다문화 청소년과 친구 되기

두 번째로 살펴볼 프로그램은 다문화 청소년과 친구 되기이다. 본 프로
그램은 일반청소년에게 타문화에 대한 편견을 해소하고 다양성이 존중되도
록 장려하는 건강한 학교문화를 조성하는데 목적이 있다.

유네스코의 CCAP와 유사한 형태로 프로그램이 구성된다. 기본적으로

현지인 강사가 프로그램을 진행한다. 또는 학습자와 비슷한 연령의 이주배경 청소년을 또래강사로 선정하는 경우도 있다. 이 경우에는 이주배경 청소년 또래강사를 대상으로 별도의 강사교육을 진행하여야 한다. 본 프로그램은 주로 초등학교를 대상으로 실시하는 것이 좋다. 시간은 최대 60분을 넘지 않는 것으로 하며, 1회 1학급을 교육하는 것을 원칙으로 한다.

(3) Rainbow School

Rainbow School은 청소년기에 한국사회로 들어오는 중도입국 청소년들의 한국사회 초기적응을 지원하는 프로그램이다. 4개월 400시간으로 구성되어 있다. 교육과정은 크게 2단계로 구성되어 있는데, 첫 번째 단계는 기초생활한국어를 집중 교육하며 동시에 학과 지도도 병행하게 구성되어 있다. 입국초기에 필요한 기본적인 한국어 의사소통 중심으로 교육을 실시한다. 두 번째 단계는 학교생활과 관련된 한국어와 친구들과의 교우관계, 사회적 환경의 변화로 발생하는 정체성 문제, 생활에 필요한 정보 제공, 학교 편입학과 관련한 절차 및 과정, 법률 등으로 구성되어 있다.

(4) 다른 빛깔, 같은 우리

다른 빛깔, 같은 우리는 일반청소년들의 다문화와 이주민에 대한 인식을 제고하여 다문화 감수성 향상 및 타문화에 대한 수용력 있는 태도를 함양하는데 목적이 있다. 프로그램의 대상은 초등학교 고학년(4, 5, 6학년)이며, 전체 6차시로 구성되어 있다. 1회 40분으로 구성되어 있고, 30분은 활동, 10분은 토론과 정리로 시간배분이 되어 있다. 본 프로그램은 전 차시 모두 플래시 애니메이션으로 제작되어 누구나 활용할 수 있게 되어 있다.

(5) 교과서로 떠나는 다문화 이해교육

'같은 빛깔, 다른 우리'와 더불어 현장에서 활용할 수 있는 프로그램으로는 '교과서로 떠나는 다문화 이해교육'을 들 수 있다. '교과서로 떠나는 다문화 이해교육'은 일반 청소년으로 하여금 다양한 가치와 문화를 편견 없이 받아들이는 유연한 태도를 함양하고 세계화 시대의 일원으로 각국의 다양한 사람들과 서로 존중하며 원활히 소통할 수 있도록 성숙한 시민의식을 함양하는데 목적이 있다. 아울러 모든 주제가 교과서의 단원과 연결되어 있어 학교장면에서 활용할 수 있는 가능성이 매우 크다. 본 프로그램의 학습주제는 한민족, 지구촌·세계, 교류, 통일, 인권, 우리 이웃 등 6개로 구분되어 있으며, 각 주제별로 3~4개의 차시로 구성되어 있다.

이상에서 살펴본 것처럼 우리 사회는 다양한 형태의 다문화 교육시설과 교육 프로그램이 진행되고 있다. 재한 몽골학교는 국내 최초로 내국인이 설립한 외국인 학교이다. 아시아 공동체 학교는 일반 학생과의 통합교육을 실시하는 대안학교이다. 새날학교는 중도입국 청소년의 증가로 생겨난 새로운 형태의 교육시설이다. 이런 다문화 교육기관들이 설립된 목표대로 잘 운영되기 위해서는 국가적인 지원과 함께 다수자인 주류 사회 구성원들의 이해와 존중이 필요하다.

무지개 청소년 센터는 모범적인 다문화 교육 기관으로 운영되고 있다.

통합교육 프로그램인 'Rainbow School'을 통해 다수자인 주류 사회 청소년과 소수자인 다문화 가정의 자녀들이 서로의 문화를 수용하며 소통할 수 있는 다문화적 감수성을 개발하고 세계시민으로서의 역량을 키우는데 기여하고 있다. 우리 모두가 행복한 다문화 사회를 위해 노력하고 있는 것이다.

요약하면, 우리 모두가 행복한 다문화 사회는 학교마다 교육과정을 통한 다문화 교육과 다문화 이해 교육이 정착되어야 한다는 것이다. 그리고 우리 사회의 주류인 다수자가 먼저 소수자 다문화 가정을 이해하는 교육이 선행되어야 하며, 이는 독서교육 프로그램을 통해 가능하다는 것이다. 다문화 이해 교육은 인권, 관용, 평화, 문화교류, 세계시민, 상호협력 등 6가지 다문화 덕목에 대한 이해가 선행되어야 한다. 이를 위해 6대 핵심 덕목별 도서를 선정하여 연간 지속적으로 독서교육을 실시하면 다문화 가정에 대한 이해와 존중, 사랑과 실천이 가능해진다. 알파고와 4차 산업으로 대표되는 미래 사회를 위해 6대 핵심 덕목별 다문화 관련 주제 도서를 읽고 토론하면서 우리 모두가 행복한 다문화 사회를 열어갈 수 있기를 기대한다.